KB117045

김경일 교수의 심리학 수업

'굿모닝 굿나잇'은 21세기 지식의 새로운 표준을 제시합니다.
이 시리즈는 (재)3·1문화재단과 김영사가 함께 발간합니다.

김경일 교수의 심리학 수업

1판 1쇄 발행 2023. 6. 30.
1판 2쇄 발행 2024. 4. 26.

지은이 김경일

발행인 박강휘
편집 박민수 | 디자인 정윤수 | 마케팅 고은미 | 홍보 이한솔
본문 일러스트 최혜진
발행처 김영사
등록 1979년 5월 17일(제406-2003-036호)
주소 경기도 파주시 문발로 197(문발동) 우편번호 10881
전화 마케팅부 031)955-3100, 편집부 031)955-3200 | 팩스 031)955-3111

ISBN 978-89-349-7561-8 04300
      978-89-349-8910-3 (세트)

홈페이지 www.gimmyoung.com   블로그 blog.naver.com/gybook
인스타그램 instagram.com/gimmyoung   이메일 bestbook@gimmyoung.com

좋은 독자가 좋은 책을 만듭니다.
김영사는 독자 여러분의 의견에 항상 귀 기울이고 있습니다.

이 책의 본문은 환경부 인증을 받은 재생지 그린LIGHT에 콩기름 잉크를 사용하여 제작되었습니다.

김경일 교수의
심리학 수업

김경일 지음

PSYCHOLOGY

인간의 속마음을
들여다보는 일상의 과학

김영사

차례

프롤로그 ··· 7

1장 심리학이란 무엇일까

1. 심리학은 과학입니다 ································· 13
2. 기념비적인 연구들 맛보기 ······················ 26

2장 판단과 결정의 심리학

1. 인간의 판단은 합리적이다? ····················· 53
2. 심리학의 확장, 행동경제학 ······················ 67

3장 심리학과 나

1. 불안을 이해하기 ————————————————— 93

2. 불안의 영향 ——————————————————— 101

3. 불안한 시대, 마음 간수법 ———————————— 111

4장 심리학과 사회

1. 이타성과 지적 겸손 ———————————————— 127

2. 마음의 병을 넘어 공존하기 ———————————— 137

3. 위기를 대하는 자세 ———————————————— 153

에필로그 ———————————————————————— 169

주석 ————————————————————————— 171

인지부조화cognitive dissonance. 심리학 역사에서 가장 유명
한 개념을 꼽는다면 반드시 열 손가락에 안에 꼽히는 개념
이다. 그리고 인지부조화라는 말을 들었을 때 심리학자라
면 누구나 레온 페스팅거라는 전설적인 인물을 떠올린다.
1957년 스탠퍼드대학의 심리학자 레온 페스팅거 교수는 실
패에 실을 감는 것과 같은 따분하기 짝이 없는 일을, 그것도
꽤 오랜 시간 학생들에게 시켰다. 이 지루한 일을 모두 끝
낸 학생들이 하품을 하며 방을 나가려는 바로 그때, 페스팅
거 교수가 부탁을 하나 한다. 밖에서 다음 순서를 기다리고
있는 친구들에게 '방 안에서 한 일이 꽤 재미있었다'고 거짓
말을 해달라는 것이었다. 페스팅거 교수는 그 거짓말의 대

가로 학생들 절반에게는 20달러를, 나머지 절반에게는 고작 1달러를 주었다.

며칠이 지난 후 페스팅거 교수는 실험에 참가했던 학생들에게 각자 자기가 한 일이 얼마나 재미있었는지를 물었다. 20달러를 받고 거짓말을 했던 학생들 대다수의 반응은 단호했다. "그런 재미없는 일을 할 줄은 꿈에도 몰랐어요. 정말 지루하더라고요!" 그런데 놀랍게도 1달러를 받고 거짓말을 했던 학생들의 반응은 전혀 달랐다. 꽤 많은 학생이 '그럭저럭 재미있는 편이었다'고 반응했을 뿐만 아니라 상당수는 '그 실험에 다시 참가하겠느냐'는 질문에 '네'라고까지 대답한 것이다.

왜 이런 극명한 차이가 나타난 것일까? 훨씬 더 적은 돈을 받고 거짓말을 한 학생들이 왜 훨씬 더 긍정적인 반응을 보인 것일까? 이유는 의외로 단순하다. 이 학생들은 명문 스탠퍼드 재학생으로서 단돈 1달러를 받고 거짓말을 한 사람이 되기 싫었던 것이다. 이미 발생한 자신의 행동(거짓말)은 바꿀 수 없으니, 자신의 태도를 바꿀 도리밖에 없지 않겠는가. 인지부조화란 바로 이러한 일련의 사후 태도 변화 현상을 일컫는 개념이다.

일반적으로 인지부조화는 '개인의 신념, 태도, 행동 간의 불일치 혹은 부조화 상태가 발생해 불편감이 생겼을 때, 이를 해소하기 위해 기존의 태도나 행동을 바꾸는 것'으로 정의된다. 그런데 이 인지부조화 현상은 상상 이상으로 우리 사회의 여러 측면을 설명하고 예측해준다. 심리학 개론에서부터 수많은 전문 영역에 이르기까지 이 현상이 거론되며 인용되고 있는 것도 그 때문이다. 인지부조화의 핵심 하나는 '큰 보상으로는 오히려 어떤 일에 대한 동기를 부여하기 더욱 어려워진다'는 매우 역설적인 사실이다. 이는 긍정적이며 생산적인 일에서부터 심지어 부정적인 수준을 넘어 끔찍한 범죄에 이르기까지 거의 모든 영역에 걸쳐 관찰되는 사실이다.

어떤 결과나 행동을 유도하기 위해 별다른 생각 없이 큰 돈으로 보상을 하려는 것은 의외로 위험한 발상이다. 큰 보상이 도리어 어떤 일을 하는 본질적 동기를 잃어버리게 만들 수도 있으니 말이다. 사람의 태도와 행동 사이에서는 정말이지 미묘한 개입만으로도 큰 결과의 차이가 빚어질 수 있다는 것이 여러 심리학 실험을 통해 입증되어왔다.

여기서 근본적인 의문이 들 수 있다. 과연 심리학자들은 왜 인간을 실험하는 걸까? 실험이란 끊임없는 가설 검증의 과정이며, 그 과정을 거치는 것이 바로 과학이다. 그리고 심리학은 과학이어야 한다. 그것이 철학과의 근본적인 차이점이다. 물론 하나하나의 실험만 놓고 보면 철학적 사고 및 결론에 비해 턱없이 작고 보잘것없다. 하지만 이렇게 작은 실험들이 차곡차곡 쌓여 높은 기둥이나 벽을 이루는 것이 심리학이다. 이제 과학으로서의 심리학이 모아놓은 티끌들을 쌓아서 태산에 한번 도전해보자.

심리학이란 무엇일까

1.
심리학은 과학입니다

심리학이란 무엇일까? 수업 시간에 '인간의 마음을 과학적으로 연구하는 학문'이라는 정의를 소개하면 학생들은 다소 어리둥절해한다. 참으로 재미없는 정의이기도 하다. 그래서 나는 지금까지 이 질문에 대한 답을 다음과 같이 설명해왔다.

자연과학은 수많은 자연 현상을 객관화·수량화했습니다. 예를 들어볼까요? 전주에서 온 친구와 대구에서 온 친구가 서울에서 만났습니다. 서로 자기가 있던 도시가 어제 더 추웠다고 말다툼합니다. 하지만 기온을 알 수 있다면 그런 말다툼을 할 필요가 없겠지요? 기온을 숫자로 표시해 비교하면 되니까요. 자연과학자들의 노력 덕분에 온도,

압력, 부피, 질량, 밝기 그리고 소리 등 거의 모든 자연 현상을 수치로 나타낼 수 있게 되었습니다. 그리고 이런 수치는 자연 현상을 과학의 대상으로 만들었죠. 사람의 마음도 마찬가지입니다. 사람의 마음을 과학적으로 연구한다는 것은 그저 관찰하고 사유하기만 하는 것이 아니라 그것을 수량화 즉 객관화해 과학의 대상으로 삼았다는 것을 의미합니다. 그리고 이러한 생각은 대략 150여 년 전 인간의 마음과 생각을 연구하던 기존 학문인 철학에서 심리학이 갈라져 나오는 결정적 계기가 되지요. 그래서 심리학은 철학이 강조하는 논리적 사고보다 과학적 사고를 더 중요하게 생각합니다. 그렇습니다. 심리학은 과학입니다.

학생들은 이제야 조금씩 고개를 끄덕이기 시작한다. 그럼 나는 논리적 사고와 과학적 사고가 어떻게 다른지 하나하나 설명한다. 심리학이라는 학문을 받아들일 준비 과정인 것이다.

논리적 사고와 과학적 사고

종종 이런 말을 주고받는 사람들을 본다.

A: 그 친구 꽤나 논리적이야.

B: 오, 그래? 그럼 그 친구 믿을 만하겠네?

나는 이 대화에 끼어들어 그렇지 않다고, 착각하지 말라고 참견하고 싶은 충동을 강하게 느낀다. 왜냐하면 논리적 사고와 과학적 사고 사이에는 굉장히 중요한 차이가 있기 때문이다. 과학적 사고가 필요한 경우에 논리적으로 사고해 일을 그르치는 경우, 혹은 반대로 논리적 사고가 필요한 경우에 과학적으로 사고해 일을 그르치는 경우를 주변에서 쉽게 찾아볼 수 있다. 과연 이 둘은 무엇이 다른 걸까?

논리적 사고는 한마디로, 말이 되게 이야기하는 것이다. 쉬워 보이지만 꽤 많은 경우 사람들은 논리적이지 못하다. 예를 들어보자. "훌륭한 시인들은 모두 술고래야. 그런데 나도 술고래지. 그러니까 나는 훌륭한 시인이 될 거야." 이는 논리적으로 명백히 오류다. 'A(훌륭한 시인)이면 B(술고래)다'라는 전제 아래 'C(나)는 B다'라는 사례를 통해 'C이면 A다'라는 결론에 도달했기 때문이다. 논리적인 사고는 전제, 사례, 결론의 연결 고리가 잘 맞물려야 성립하며, 다른 사람을 설득할 때 효과를 발휘한다. 따라서 논리적이지 않은 주장은 설득력이 떨어진다.

한편 과학적 사고는 무엇보다도 기존 지식을 의심하는 것이다. "훌륭한 시인이 모두 술고래라고? 그렇지 않은 사람도 얼마든지 있을걸?"이라고 말한다면, 이어 그 의혹을 지지하거나 반박하는 증거를 찾아나선다면 과학적 사고를 하는 셈이다. 대체로 과학적인 사람은 뛰어난 화술과는 거리가 멀뿐더러 성마르고 까칠해 보이기도 한다. 과학적인 사람이 논리적이지 않은 경우도 많다는 뜻이다.

요컨대 논리적 사고는 말이 되게 이야기하는 능력이기 때문에 기본적으로 설득에 유리하며, 과학적 사고는 기존 지식이나 사실을 무작정 받아들이지 않는 의심과 수사investigation에 유리하다. 문제는 우리 사회의 교육 체계가 논리적인 사람에게는 매우 우호적이지만 과학적으로 사고하는 사람에게는 꽤 불친절하다는 점이다. 논술이든 사지선다형 시험이든 면접이든, 논리적으로 사고하는 사람은 고득점 받기가 수월한 반면, 과학적 사고가 강한 사람은 예선 통과조차 어려운 경우가 빈번하다.

그런데 우리 사회나 조직에는 기본적으로 과학적으로 사고하는 사람이 상대적으로 적은 것이 현실이다. 그 결과는 어떨까? 문제가 될 만한 것을 찾아내지 못하거나 실패할 가능성을 예측하지 못한 채 모두가 잘못된 방향으로 **논리적으로 설득**되어나갈 수 있다. 그러니 한 번씩 그 틀에서 벗어나 세상을 돌아봐야 한다. 과연 나는 얼마나 과학적 사고가 가능한 사람인가? 다시 심리학으로 돌아오자면, 심리학은 논리적이지 못한 경우가 잦지만, 최선을 다해 과학적이고 싶어 하는 학문이라 할 수 있다.

심리학은 상관과 인과를 구분한다

심리학이 인문학뿐 아니라 다른 사회과학과도 비교되는 독특성 가운데 하나는 바로 인간 마음을 수량적으로 측정한다는 점에 있다. 물론 최근에는 다양한 학문 분야에서 인간의 심리 상태를 측정하려 시도하고 있지만, 태동기부터 이를 지상 과제로 삼았던 학문이 바로 심리학이다.

　심리학에는 질문지를 사용하는 방법, 반응시간 같은 행동지표를 사용하는 방법 등 여러 측정 도구가 있다. 그럼 측정의 목적은 무엇일까? 그건 바로 연구 대상이 되는 집단의 구성원 전부가 모여 있는 모집단보다 적은 수를 지닌 표본(샘플)으로부터 얻은 결과를 통해, 모집단의 경향성을 예측해보는 것이다. 모집단 자체를 측정하는 것은 현실적으로 불가능한데, 왜냐하면 그 수가 너무 많기 때문이다.

100명의 남자 대학생과 100명의 여자 대학생을 무작위로 뽑아 행복지수를 측정하는 연구를 진행하고 있는 사람을 예로 들어보자. 그는 '우리나라 대학생들의 경우 남학생보다 여학생이 더 행복하다고 느낀다'라든가 '우리나라 대학생들의 경우 10년 전에 비해 남학생과 여학생 모두 덜 행복하다고 느낀다' 같은 결론에 도달하고자 할 것이다. 이런 결론은 바로 자신이 현재 연구하는 표본 집단이 모집단(우리나라 전체 대학생)의 성격을 반영하고 있다는 전제가 있어 가능하다. 따라서 이 전제를 만족시킨다는 가정 아래 표본에서 얻은 결과가 모집단에도 적용될 것이라는 결론에 도달(일반화)하는 것이 연구자들의 희망이다.

이런 까닭에 측정 도구를 과학적으로 만드는 것은 정말 중요한 일이다. 그래서 많은 연구자는 어떤 측정 도구를 사용했을 때 동일한 사람을 대상으로 여러 번 측정하여 비슷한 결과가 나오는지(신뢰도) 또 그 도구가 측정하고자 하는 목적(가령 행복 혹은 불안 측정)에 부합되는지(타당도) 심혈을 기울여 따져본다.

여러 측정값을 얻은 다음 해야 할 일은 무엇일까? 바로 **왜냐하면**이라는 질문에 대답을 내놓는 것이다. 예를 들어보자. 연구자 A는 '우리나라 대학생들의 경우 남학생이 여학생보다 더 행복하다고 느낀다'는 결과를 얻었다. 그리고 다른 대학 연구자 B는 "행복한 사람일수록 키가 크다'는 결과를 얻었다. 어느 날 이 두 연구자가 우연히 만나 자신들이 얻은 결과에 대해 대화를 나누던 중 '행복'이라는 공통분모를 발견하고는('남학생이 더 행복하고, 키가 클수록 더 행복하다고?') '남학생이 키가 크기 **때문에** 더 행복하다'는 결론에 도달했다. 이것은 과연 옳은 결론일까? 당연히 아니다. 왜냐하면 이는 개별적인 상관관계와 인과관계를 혼동한 것이기 때문이다.

우리는 종종 어떤 대상이 어느 방향으로 움직일 때, 그와 비슷하게 일정한 방향(방향이 같든 반대든)으로 다른 대상도 움직이는 현상을 발견하곤 한다. 대표적인 예가 키와 몸무게다. 키가 큰 사람일수록 몸무게가 더 많이 나가는 경향이 있다. 이 경우 우리는 두 변인이 상관correlation되어 있다고 말할 수 있다. 즉 상관이란 한 변인의 값이 다른 변인의 값과 체계적으로 관련되어 있음을 의미한다. 하지만 A와 B, 두 변인이 상관되어 있다는 사실이 A(혹은 B)가 B(혹은 A)의 원인이 된다는 것을 의미하지는 않는다.

키스 횟수와 임신 빈도에는 분명한 상관이 있다. 하지만 키스를 임신의 원인으로 생각하는 사람은 없다. 또한 여성의 연령은 출산한 아이의 수와 관련이 있을 수밖에 없다. 하지만 여성의 연령이 임신의 원인은 결코 아니다. 이렇듯 우리의 상식은 상관관계를 인과관계로 착각하지 않도록 도와준다. 하지만 인과관계 파악이 쉽지 않은 경우도 종종 있다. 대표적인 예가 아동의 TV 폭력물 시청(A)과 공격성(B)의 관계다. 많은 연구가 아동의 TV 폭력물 시청과 공격적 행동 사이에 상관이 있다고 말한다.[1] 다시 말하자면, 폭력물을 많이 보는 아동들이 공격성도 높다는 것이다. 그렇다면 과연 아동들이 TV 폭력물을 많이 보았기 **때문에** 공격성이 상승했다고도 말할 수 있을까? 혹은 거꾸로 공격적인 아이들이기 **때문에** TV 폭력물을 많이 본 것이라고 할 수 있을까? 전자는 TV 폭력물 시청이 공격성의 **원인**이라고 보는 것이며, 후자는 공격성이 TV 폭력물 시청의 **원인**이라고 보는 것이다. 두 변인이 연관되어 있다는 하나의 상관 자료를 통해 우리는 이렇게 두 가지 전혀 다른 해석을 할 수 있다.

하지만 여기서 더욱 중요한 점은 두 가지 해석 모두 옳은지 여부를 알 방법이 없다는 것이다. 키스, 임신, 여성의 연령과 같이 그 인과관계성을 우리가 상식적으로 명확히 알지 못하는 경우엔 해석의 어려움, 더 나아가 오류가 다수 발견된다. 아동의 TV 시청과 공격성의 예로 돌아가 보자. 이 경우 우리는 제3의 변인을 고려해볼 필요가 있는데, 그중 하나가 부모의 지도 여부(C)다. 가령 부모가 아이의 TV 시청에 전혀 관심이 없다면 아이는 아무런 제한 없이 (폭력물까지도) 시청할 것이며, 이런 부모의 무관심으로 공격성이 형성되었을 수도 있다. 그렇다면 이제 TV 시청과 공격성 간의 인과관계는 중요한 것이 아니며 부모를 가장 중요한 원인으로 고려해야 할 것이다. 이렇듯 변인들 사이의 관계성 해석은 동일한 자료를 놓고도 다양하게 나타나며, 어느 해석

과연 어떤 해석이 맞을까? A가 B의 원인일까? 아니면 B가 A의 원인일까? 그것도 아니면 C가 A와 B에 대한 공통적 원인이고, A와 B 사이에는 인과관계가 없는 것일까? 이렇듯 관찰된 현상들 사이에 존재하는 관계성에 대해서는 다양한 해석이 가능하다.

이 더 옳은지 명확히 알 수 없는 경우가 흔하다.

그래서 심리학은 실험한다

그렇다면 인과관계를 어떻게 정확하게 파악할 수 있을까?
이것은 심리학자들의 가장 큰 관심사 중 하나이며, 이를 위
해 지금까지 수많은 '실험'이 이뤄져왔다. 그리고 대부분의
실험에서 중점이 되는 것은 하나의 변인을 동일하게 만들
어놓았을 때, 다른 한 변인의 차이가 어떻게 또 다른 변인의
차이를 만들어내는지를 관찰하는 것이다. 가령 TV 폭력물
시청 시간이 같은 아동들을 부모의 지도가 있는 그룹과 없
는 그룹으로 나누어 공격성 증가 여부를 관찰한다든지, 아
니면 공격성 정도가 같은 아동들을 대상으로 부모의 지도
여부에 따른 TV 폭력물 시청 빈도를 관찰하는 것이다. 이
를 실험적으로 조작할 수도 있을 테고, 여건에 따라서는 비
슷한 정도를 보이는 그룹별로 추이를 관찰할 수도 있을 것
이다. 그 방법과 형태가 매우 다양하기 때문에 심리학에서
는 이 모든 과정을 통틀어 '실험 설계experimental design'라고
부른다. 그리고 이런 수많은 노력을 통해 알아낸 사실, 지금
은 상식이 됐지만 과거에는 사람들이 믿지 않았던 사실이

이 그림을 그린 사람은 어떤 정신병리를 앓고 있을까? 정말 다양한 해석이 가능하다. 심지어 전문가에 따라 해석도 제각각인 경우가 허다하다. 다시 말해 명확한 해석을 할 수 없다는 것이다. 그럼에도 이를 정신병리 진단에 적용한다면 어떤 일이 벌어질까? 제각각으로 추정(혹은 기대)된 인과관계 때문에 그림을 그린 사람이 큰 피해를 입을 수도 있다.

꽤 많다. 흡연과 폐암의 인과관계는 수십 년 전까지 상관관계 정도로 생각되어왔고, 반대로 '인물 그리기 검사Draw-A-Person Test'처럼 어떤 사람이 그린 그림으로 그 사람의 정신병리 종류와 정도를 파악하는 기법은 그 인과관계에 대한 타당성이 오히려 의심을 받아 최근에는 매우 조심스럽게 사용되고 있다.

중요한 점은 우리의 기대, 가정, 사전 지식 혹은 경험 등이 상관관계를 인과관계인 것처럼 착각하게 만들거나, 실제 존재하는 인과관계를 보지 못하게 만드는 경우가 잦다는 것이다. '가난한 사람들은 범죄를 잘 저지른다.' '○○ 지역 사람들은 거짓말을 잘한다.' '여자 혹은 남자는 더 ○○할 것이다.' 우리는 그 인과관계가 검증되지도 않았거나 검증 자체가 불가능한 명제들을 마치 지식인 것처럼 생각하고, 그 명제들에 기초해 '가난' '○○ 지역' '성별' 같은 정보가 원인으로 작용하여 본인이 예상한 결과가 일어날 것처럼 기대한다. 그러고는 만약 그 결과가 일어나지 않으면 예외로 여겨 그냥 지나친 채 기억에 담아두지 않지만, 실제로 그 결과가 일어나면 '거봐, 내가 맞았잖아, 틀림없네'라며 자기충족적 예언을 계속한다. 이런 일이 반복되면 결국 자기 자신이 만들어낸 수많은 고정관념이나 편견이 굳어질 뿐이다.

그러나 이 세상과 사람들, 숱한 행동들과 현상들 사이에는 우리가 자기충족적 예언으로 무심코 쌓아올린 고정관념과 편견으로 판단하기엔 너무나도 복잡한 관계성이 존재한다. 무엇이 원인이고 무엇이 결과인지를 정확하게 판단하려면 나에게 주어진 정보의 양과 질이 부족하지 않은지, 혹은 나의 예상이 왜곡된 판단을 만들고 있지 않은지 늘 주의 깊게 돌아봐야 한다.

다시 한번 말하지만 물리학·생물학·화학과 마찬가지로

심리학은 분명 과학이다. 대부분의 연구자들은 1879년을 심리학이 과학으로 출발한 기점으로 삼는다(이해 빌헬름 분트라는 학자가 독일 라이프치히대학에 심리학 실험실을 만들면서 과학으로서의 심리학이 시작되었다고 본다). 이후 다양한 자연과학에서 사용되는 방법들이 심리학에도 그대로 사용되어왔다. 이제 그 수많은 심리학 연구가 인간의 마음과 행동에 관해 밝힌 몇 가지 중요한 사실을 요약해보고자 한다. 그리고 이를 통해 오늘날 우리가 생각해볼 점도 함께 짚어보도록 하자.

2.
기념비적인 연구들 맛보기

겉으로 잘 드러나지 않는 인간의 본모습을 밝히는 심리학 연구는 무수히 많다. 하지만 전문가가 아닌 이상 연구와 실험이 어떤 의미를 지니는지 이해하기란 쉽지 않다. 여기서는 심리학 역사에 길이 남은 연구를 몇 가지 살펴보면서 심리학이라는 학문에 조금 더 가까이 다가가보자.

인간은 어떻게 배우는가?

영화 〈7월 4일생〉에는 월남전에서 돌아온 한 남자가 시가행진의 폭죽 소리에도 놀라며 두려워하는 장면이 있다. 또 활달한 여자가 맞선 자리에 나와서는 흘러내리는 맥주 거품을 보고, 자기도 모르게 "어이쿠, 이 아까운 술을" 하면서 맥주잔에 입을 대곤 민망해했다는 이야기도 등장한다. 이 두 남녀가 그렇게 행동하길 타고났으리라고 생각하는 사람이 과연 있을까?

인간은 학습하는 존재

인간은 환경에 적응해 살아가기 위해 많은 것을 후천적으로 배운다. 이를 심리학에서는 '학습learning'이라고 한다. 일반적으로 고등동물일수록 유전보다는 환경이 그 유기체의 생존에 더 중요한 역할을 하며, 하등동물일수록 선천적으로 타고난 신체와 기능으로 일생을 보낸다. 그래서 후천적으로 배운 것들 가운데 상당수는 선천적으로 타고난 기능의 관점에서 보자면 이상하거나 필연적 이유를 찾기 어렵다. 앞서 말한 월남전 참전 남성이나 맞선에 나간 여성의 사례처럼 말이다. 그리고 태어난 이후의 삶은 사람마다 모두 다르기에 학습된 내용 역시 사람마다 모두 다르다. 모두가 저 남성이나 여성처럼 행동하지는 않는 이유다.

인간은 무엇을 어떻게 학습하는 것일까? 일반적으로 심리학에서 학습이란 '과거 경험으로 말미암아 일어나는 행동상의 비교적 영속적인 변화'를 뜻한다. 이 정의는 몇 가지

세부적이지만 중요한 요소로 나누어 생각해보아야 한다. 첫째, 학습은 '변화'가 관찰되어야 한다. 변화는 '행동'을 통해 관찰 가능하다. 따라서 학습은 '행동의 변화'를 전제로 한다. 둘째, 학습은 '비교적 오래 지속되는' 변화가 있음을 의미한다. 일회성의 행동 변화는 학습의 결과가 될 수 없다. 셋째, 학습은 '경험'에 의해 생겨나는 변화이며, 따라서 육체적 성숙, 약물, 질병 등에 따른 행동 변화와는 분명히 구분되어야 한다.

학습에 대한 정의를 그럴듯하게 내릴 수는 있어도 '인간은 어떻게 학습하는가?'에 답하는 것은 그리 쉬운 일이 아니다. 다른 학문에 비해 역사가 길지 않았던 심리학 초창기에는 더더욱 그러했을 것이다. 따라서 초기 심리학자들은 분석하기 쉬운 단순 형태의 학습 행동부터 연구했으며, 이를 실제 인간의 복잡하고 고차적인 학습 이해를 위한 출발점으로 삼았다.[2] 이들은 인간의 학습을 하나의 '연합association' 과정, 즉 '주위 환경에서 일어나는 사건 간의 연관성을 배우는 것'으로 보았다.

연합을 통한 학습에는 '고전적 조건형성classical conditioning'과 '도구적 (혹은 조작적) 조건형성instrumental or operant conditioning'

이 있다. 고전적 조건형성은 두 자극이나 사건 사이의 관련성을 배우는 것으로서, 번개를 목격하고는 천둥소리가 들릴 것을 예상해 귀를 급히 막는 행동의 형성이 여기에 해당한다. 한편 도구적 (혹은 조작적) 조건형성은 반응과 그 결과 사이의 인과관계를 학습하는 것이다. 좋은 성적을 받으려면 공부를 열심히 해야 한다고 생각하는 까닭은 공부와 성적 간의 인과관계를 알고 있기 때문이다.

파블로프의 개

고전적 조건형성에 대해 좀 더 구체적으로 알아보자. 러시아의 유명한 생리학자 이반 파블로프는 1900년대 초반 개의 침샘 일부를 외과적으로 적출해 개가 먹이를 먹을 때마다 분비되는 침의 양을 측정하는 연구를 진행 중이었다. 그러다 개가 먹이를 주는 사람의 발소리를 듣거나 빈 밥그릇만 보아도 침을 분비한다는 사실을 발견했다. 그 유명한 파블로프의 고전적 조건형성 개념이 여기서 출발한다. 개는 발소리와 밥그릇이 먹이와 함께 나타난다는 일종의 '연합'을 학습했고, 그리하여 처음에는 침 분비와 아무 상관이 없던 발소리와 밥그릇이 먹이와 같은 효과를 지니게 된 것이다. 이를 더 구체적으로 알아보기 위해 파블로프는 먹이를 주기 전, 개에게 매번 불빛을 보여주었다. 과연 불빛도 먹이와 같은 효과를 냈을까? 놀랍게도 그랬다. 고전적 조건형성은 다음과 같은 네 가지 요소를 가정한다.

- 무조건 자극US, unconditional stimulus: 자동적/생득적 반응을 유발하는 자극(예: 먹이)
- 무조건 반응UR, unconditional response: 학습되지 않은 자동적/생득적 반응(예: 먹이에 대한 침 분비)
- 조건 자극CS, conditional stimulus: 무조건 자극과 짝지어진 새로운 반응(무조건 반응)을 유발하는 자극(예: 발소리, 빈 밥그릇 또는 불빛)
- 조건 반응CR, conditional response: 조건 자극에 의해 새로이 형성된 반응(예: 조건 자극에 대한 침 분비)

불빛이 개를 침 흘리게 만든 과정은 이렇게 설명된다. 최초에는 무조건 자극(먹이)에 의한 무조건 반응(침 분비)만이 존재했을 것이다. 그러나 무조건 자극과 조건 자극(불빛)을 계속 함께 제시함으로써 조건 자극만 제시해도 무조건 반

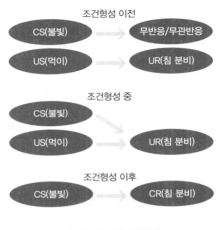

조건형성 이전

CS(불빛) ----> 무반응/무관반응

US(먹이) ----> UR(침 분비)

조건형성 중

CS(불빛)

US(먹이) ----> UR(침 분비)

조건형성 이후

CS(불빛) ----> CR(침 분비)

파블로프의 개와 실험장치

응과 동일한 조건 반응을 이끌어낼 수 있게 됐다.

이러한 고전적 조건형성은 환경에 적응하는 데 필요하다. 왜냐하면 사건들(CS와 US) 사이의 관계성을 학습해 다가올 사건을 준비할 수 있기 때문이다. 예를 들어 번개(CS)가 치면 귀를 막아 조금 있으면 경험하게 될 천둥소리(US)가 일으킬지 모르는 청력 손상을 피할 수 있다. 또 긴급한 자극에 대비해 생명 유지도 가능하다. 영양은 사자 냄새(CS)가 흘러들어 오면 미리 멀리 달아날 수 있다. 사자(US)를 직접 보는 순간 이미 때는 늦다.

하지만 한번 형성된 조건 반응도 무조건 자극 없이 조건 자극만 되풀이되면 점차 사라질 수밖에 없다. 불빛(CS)이 먹이(US) 없이 계속 제시되면 결국 개가 불빛에 침을 흘리는 일은 없어진다. 이를 '소거extinction'라고 한다. 하지만 일정 기간 후 불빛을 제시하면 소거된 침 분비가 다시 나타난다. '자발적 회복spontaneous recovery'이라고 하는 이것은 소거된 반응이 완전히 사라지지 않고 잠시 억압되어 있었음을 알려준다. 물론 그 회복된 반응은 강도가 약하지만 말이다. 또 원래의 조건 자극이 아니더라도 그와 유사한 자극은 조건 반응을 유발할 수 있다(자극 일반화).

스키너 상자

이러한 연합 개념은 이후 어떤 행동과 그 결과 사이의 관계를 학습하는 도구적 조건화 개념으로 발전한다. 여기서 '도구적'이라 함은 어떤 행동이 특정 결과를 초래하는 도구 역할을 한다는 것을 인식한다는 의미다.[3] 심리학 역사에서 유명한 연구자인 E.L. 손다이크와 B.F. 스키너가 바로 이 시점에 등장하는데, 그들의 연구는 동물들도 논리적 사고와 이해력을 지니고 있느냐에 관한 논쟁에서 출발한다. 특히 스키너는 동물의 행동을 살펴보기 쉽도록 단순한 상황을 설정한 상자('스키너 상자')를 만들어 쥐의 행동을 구체적으로 관찰했다.

스키너 상자 속 쥐의 개별 행동들은 형태별로 관찰된다. 그중 쥐가 레버를 누르는 행동이 가장 중점적인 관찰 대상이다. 스키너 상자는 쥐가 레버를 누르면 자동적으로 먹이가 나오게끔 고안되어 있기 때문이다. 배고픈 쥐가 이런저런 행동 끝에 우연히 레버를 누르자 먹이가 주어진다. 하지만 아직 쥐는 '레버 누르기'와 '먹이 받기'의 관련성을 알아차리지 못한다. 그러다 '아! 내가 레버를 누르면 먹이가 나오는구나' 하고 인식하는 순간부터 쥐는 마치 사람이 냉장고 문을 여는 것처럼 레버를 누르고 먹이를 냉큼 받아먹는 수준에 도달한다. 스키너는 쥐가 '레버 누르기'와 '먹이 받기' 사이의 인과관계를 여러 시행착오를 거쳐 점진적으로 학습했으며, 이는 쥐의 행동이 먹이(강화물)에 의해 강화되었기 때문이라고 설명한다. 이때 강화물은 특정 반응의 확률을 높이는 요인이다.[4]

인간 역시 외부 세상에서 일어나는 일들 간의 관련성을 인식함으로써 행동이 유발되는 수동적 학습(고전적 조건화)뿐만 아니라 자신이 능동적으로 취한 행동으로 환경을 조작해 인과 관련성을 파악하는 능동적 학습(도구적 조건화)이 가능하다. 이 관점에 의하면 조건화 방식은 인간이 세상을 살아가면서 새로운 것을 배워나가는 기본 원리에 해당한다. 예를 들어, "맞아요"나 "참 잘했어요"라는 강화물을 통해 아이는 자신의 의견을 발표하는 빈도를 증가(강화)시킨다. 성장기 아동은 부모가 좋아하는(강화하고 보상하는) 성격 특성에 부합하는 행동을 지속함으로써 자신의 성격 특징을 형성해나간다.

조건화로 인간의 학습을 설명하는 관점은 더욱 다양한 인간 행동 유형에 적용될 수 있다. 미신이 하나의 사례다. 비둘기가 어떤 행동을 하든 15초마다 먹이를 줄 경우, 먹이를 받을 때 공교롭게 했던 행동을 비둘기는 이후에도 반복한다. 그 행동과 먹이 사이에는 사실 아무 연관성도 없는데 말이다. 미신을 믿는 인간의 행동이 마치 이 비둘기를 닮지 않았는가? 하지만 현실 세계엔 레버를 누를 때마다 먹이가 주어지는 스키너 상자란 존재하지 않는다. 도박벽도 조건화로 설명이 가능하다. 만약 여덟 번째 게임마다 혹은 15분 간격으로 돈을 따게 된다면 사람들이 강박적으로 도박에 매달리는 일은 없을 것이다. 하지만 현실에서는 언제 돈을 딸지 알 수 없기 때문에 매번 다음 판에 기대를 걸면서 도박에 빠져든다. 그러니 도박을 끊기(소거하기) 어려운 것이다. 도박뿐 아니라 무언가를 강박적으로 확인하는 행동은 대부분 이런 불규칙적인 강화에서 기인한다.

관찰학습/모방학습

물론 조건형성을 통해 인간의 학습을 설명하는 관점이 완벽한 것은 아니다. 인간은 직접적인 강화물을 경험하지 않아도 모방을 통해 얼마든지 학습이 가능하기 때문이다. 원숭이도 다른 원숭이가 특정 행동을 할 때마다 어떤 고통을 당하는지 관찰하면 그 행동을 자제한다. 이런 형태의 학습을 관찰학습 또는 모방학습이라고 한다.

이 분야의 대가인 앨버트 반두라는, 어른이 보보인형을 발로 차고 때리는 모습을 본 아동들이 (보보인형과 둘만 남겨질 경우) 그렇지 않은 아동들보다 유사한 공격적 행동을 보일 확률이 훨씬 더 높다는 것을 발견했다.[5] 더욱 중요한 점은, 그 어른이 자신의 부모이거나 존경할 만한 사람, 혹은 권위가 있는 사람일수록 인형에 대한 공격 행동의 가능성이 더 커진다는 사실이다. 이런 간접경험들은 설령 즉각적인 행동의 변화를 초래하지 않더라도 상당 기간 축적되면서 점진적으로 가치관이나 관점의 변화를 만들어내기도 한다. 앞에서 학습은 '행동의 변화'를 포함해야 한다고 했는데, 우리 인간의 경우 행동의 변화 없이도 학습은 내면에서 꾸준히 진행될 수 있다.

이렇듯 인간이 무언가를 배운다는 것을 설명하기 위해서는 배움에 다양한 요인이 작용하고 있다는 점을 먼저 이해해야 한다. 인간은 태어나서 수많은 일을 경험하고, 그중 의미가 있다고 판단되는 연합을 중요시한다. 그리고 이를 타고난 행동들과 연결하면서 더 복잡한 체계를 형성해나간다. 이 일련의 과정은 반드시 직접 경험해야 하는 것도 아니다. 우리는 관찰과 모방이라는 능력을 활용할 수 있기 때문이다. 이때 관찰 대상이 지니는 권위나 신뢰성 등 다양한 요인이 작용한다. 우리의 성격과 지식 체계, 더 나아가 문화가 바로 이렇게 만들어져왔고 앞으로도 그렇게 만들어질 것이다.

인간은 왜 불공정에 휘둘리는가?

거의 모든 심리학 개론 서적에 빠짐없이 등장하는 유명한 심리학 실험이 있다. 바로 1960년대 예일대학 심리학과 스탠리 밀그램 교수가 행한 '복종 실험'이다.[6] 이 실험은 권위 혹은 권력의 정의롭지 못한 지시에 한 개인이 얼마나 쉽게 복종하는지를 가장 잘 보여준 연구일 것이다. 이 연구는 다음과 같은 실험실에서 이루어졌다.

실험 참가자는 선생님(T: teacher) 역할을 맡는다. 칸막이

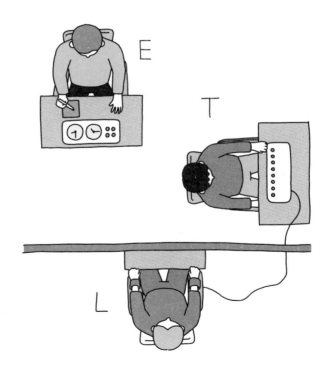

뒤에는 학생 역할을 맡은 사람(L: learner)이 문제를 풀고 있고, 선생님은 학생이 문제를 틀릴 때마다 전기충격을 16볼트씩 올리라는 실험자(E: experimenter)의 지시를 받는다. 물론 실험자와 학생은 사전에 준비된 시나리오대로 움직이는 것이며 실제로 전기충격 장치는 없다. 오직 선생님만이 이 실험의 목적과 내용을 모른다. 일종의 몰래 카메라인 셈이다.

선생님 역할의 참가자는 지시받은 대로 학생이 문제를 틀릴 때마다 전기충격 강도를 올렸고, 그때마다 학생은 괴로운 척 연기했다. 참가자들은 대부분 몇 번 전기충격을 주고는 더 이상 못 하겠다고 실험자에게 말했다. 그러나 "그 정도의 전기로는 사람이 죽지 않습니다. 결과에 대해서는 제가 모든 책임을 지겠습니다"라는 실험자의 말을 듣자, 놀랍게도 참가자의 무려 65퍼센트(40명 중 26명)가 450볼트의 전기충격에 도달할 때까지 버튼을 계속 눌렀다. 상식적으로 450볼트의 전기는 사람을 죽음에 이르게 할 만큼 강력한데도 말이다. 원숭이조차 자신이 어떤 버튼을 눌렀을 때 다른 원숭이가 괴로워하는 모습을 보면 그 버튼을 오랫동안 누르지 않는다고 한다. 그 버튼을 누르면 먹이가 제공됨에도 불구하고 말이다. 원숭이보다 훨씬 더 우수한 생명체라고

자부하는 인간이 왜 이렇게 행동하는 것일까?

자기합리화와 책임감 회피가 만들어내는 복종

이 실험에서 핵심은 실험자가 책임지겠다는 메시지를 참가자가 들은 것이다. 실험자는 심리학 연구에 상당한 경험이 있는 듯한 분위기를 자아냈다. 모종의 '권위'가 있는 셈이었다. 450볼트의 버튼을 누른 참가자들은 실험이 모두 끝난 뒤 왜 전기충격을 계속 가했느냐는 질문에 "지시대로 따랐을 뿐"이라는 핑계를 댔다. 만일 지시를 내린 실험자가 어리숙하고 경험이 적어 보이고 나이도 어린 조교였어도 그런 핑계를 댔을까? 아마도 아닐 것이다.

권위는 자신의 행동을 합리화하고 자신이 책임지지 않아도 괜찮다는 핑계를 가능하게 한다. 실제로 그 행동을 하는 것은 바로 나 자신이면서도 말이다. 수많은 사람에게 엄청난 피해를 준 사회 지도층 인사가 수치스러워하거나 반성하는 모습을 보이기는커녕 고개를 빳빳이 들고 당당한 얼굴로 언론 인터뷰하는 경우를 종종 본다. 이들도 조직이나 윗선의 지시를 받아서 그런 일을 했을 뿐이라고 합리화한다. 인간은 자신의 양심을 종종 이 권위와 맞바꾼다.

그렇다면 이 사람들은 자신이 한 일이 부도덕하거나 나쁜 짓이라는 것을 정말 몰랐을까? 수사나 조사 과정에서는 자신의 행동이 가져올 파급효과에 대해 당시에는 잘 몰랐다고들 한다. 하지만 그렇지 않을 가능성이 더 높다. 왜일까? 신경과학적 방법을 사용한 심리학 연구들은 그들의 변명에 일침을 가한다.

부정함의 지각과 수용은 별개의 문제

심리학뿐만 아니라 경제학, 사회학 등 사회과학 분야 전반에 걸쳐 자주 사용되는 게임 형태의 실험 과제가 있다. 이른바 '최후통첩 게임ultimatum game'이다. A에게 10만 원이 주어진다. A는 일부를 B에게 나누어주어야 하는데, 얼마를 주는지는 자유다. B는 A가 주는 돈을 받거나 거부할 수 있다. B가 A의 제안을 수용하면, 그 제안대로 각자 돈을 나누어 가질 수 있다. 거부하면 A와 B 모두 돈을 받을 수 없다. 만일 A가 5대 5로 나누자고 제안한다면(아마도 가장 공정한 제안일 것이다), B가 수용할 가능성이 클 것이다.

A가 자신이 8만 원을 가지고 B는 2만 원만 가지라는 (즉 불공정한) 제안을 한다면 어떤 일이 일어날까? 이러한 불공정

한 제안을 B는 대부분 거부한다. 그런데 어찌 보면 이는 바보 같은 일이다. A의 제안을 수용하면 어쨌든 2만 원의 공돈이 생기는데 이를 거부하는 것이기 때문이다. 심지어 이런 불공정한 제안을 받아들일 경우 한두 달 치 월급에 해당하는 돈이 생긴다 해도 거부하는 사람들이 상당하다. 사람들은 이 정도로 불공정함이나 불평등함을 혐오한다. 자신이 무언가를 가지지 못하더라도 불공정한 제안이나 지시를 내리는 사람이 큰 이익을 취하는 것은 막으려 한다는 얘기다.

신경과학 연구는 이런 경향을 더욱 구체적으로 설명한다. 연구자들은 최후통첩 게임에서, 불공정한 제안을 받은 사람의 배외측 전전두피질이 평상시보다 훨씬 더 활성화된다는 사실을 발견했다.[7] 그렇다면 이 뇌 영역이 불공정을 알아차리는 곳일까? 이후의 연구들은 조금 더 깊이 들어간다. 이 영역 중 일부가 '신뢰'를 담당한다는 사실이 밝혀진 것이다. 이 영역이 손상된 환자는 제안자가 얼마만큼 믿을 수 있는 사람인가를 판단하는 능력이 떨어져, 대부분 그저 믿는 경향성을 보이는 것으로 나타났다.[8] 한마디로 상대방을 믿어서 불공정한 제안을 받아들였다는 것이다. 이런 일은 일상적으로 일어난다. 가족 혹은 가까운 친구에게서 부적절한 제안이나 지시를 받으면 '이러지 말아야 하는데' 하면서도 결국 그것을 따르고 만다. 그들을 믿기 때문이다.

더 중요한 사실은 따로 있다. 배외측 전전두피질이 손상된 환자들조차 그들에게 주어진 제안이 얼마나 불공정한지를 알려달라는 요청을 받으면 정상인과 다르지 않은 판단 능력을 보인다는 것이다. 즉 불공정함을 지각하는 것과 받아들이는 것은 별개다. 무지하기 때문에 무작정 실행하거나 받아들이는 것이 아니라, 알면서도 그러는 것이란 얘기다. 뇌의 또 다른 영역이 손상되어 지적인 판단 자체가 불가능한 경우가 아니라면 말이다.

자유로워지기 위한 신뢰, 비겁함을 덮어주는 신뢰

혹시 충분히 신뢰하지 않는 누군가를 믿어버리고 싶은 욕구가 우리에게 있는 것은 아닐까? 누군가에게 신뢰를 주거나 권위를 부여하면, 내 행동의 잘잘못에서 비롯한 책임으로부터 자유로워진다고 암묵적으로 생각하고 있는 것은 아닐까? 충분히 가능한 얘기다. 왜냐하면 인간에게는 자신의 행동을 합리화하고픈 강한 욕구가 존재하며, 이런 합리화를 위해 가장 쉬운 방법이 내 행동의 원인을 나 자신이 아닌 외부에 두는 길이기 때문이다. 한편으론 비겁하기도 하고 또 한편으론 어리석기도 하다. 세상은 내 행동의 책임을 내가 생각한 것보다 훨씬 더 강하게 나에게 묻곤 할 테니 말이다.

인간은 어떻게 성장하는가?

다시 말하지만, 심리학은 과학이다. 그리고 과학은 끊임없이 기존 지식을 의심한다. 누구도 의심하지 않는 대전제 역시 예외가 아니다. 그래서 심리학은 지금까지 계속해서 발전해 왔는지 모른다. 그 양상을 가장 잘 보여주는 분야에 아동 발달을 규명하는 연구가 있다.

태어난 지 5개월밖에 되지 않은 아기가 엉금엉금 기어 다니고 있다. 주위 사람에게 해맑게 웃는 아기를 보면서 문득 이런 생각을 해본 적 있을 것이다. '아기는 도대체 생각이란 걸 할 수 있을까?' '지금 무슨 생각을 하고 있는 걸까?' 심리학자들뿐만 아니라 인간을 연구하는 다른 학자들은 물론 평범한 부모에 이르기까지 누구나 한 번쯤 떠올린 질문일 것이다. 그러나 이 질문에 대답하는 것은 결코 간단치 않다. 어떤 연구에서는 아이의 사고능력이 매우 낮게 측정되었다 하더라도 실제로 보면 또 그렇지 않은 경우가 매우 많기 때문이다.

인간의 성장과 발달 연구에 크게 기여한 장 피아제의 관점을 살펴보면 도움이 될 것이다. 그의 이론이 지니는 기본 골격은 아래와 같은 몇 단계로 구성되어 있다.

- 감각운동기(0~2세): 손을 내밀거나 빼는 것과 같이 사물을 대상으로 하는 운동행위에 대해 단순한 감각운동적 표상 형성에 중점을 둔다.
- 전조작기(2~7세): 제스처나 언어 등 상징적 표상을 정교하게 다듬어 기초적 인과성 및 물리적 현실에 대한 개념을 형성한다.
- 구체적 조작기(7~11세): 실제로 일어난 일을 머릿속에서 거꾸로 되돌려보는 것과 같이 보다 융통성 있는 정신적 조작이 가능하다.
- 형식적 조작기(11~15세): 어른에게서 볼 수 있는 추상적이고 융통성 있으며 논리적이고 과학적인 사고가 등장하기 시작한다.

아이들은 예외 없이 네 단계를 거치며, 한 단계가 성공적으로 마무리된 뒤 다음 단계로 이동할 수 있고, 이는 보편적이어서 특정 문화나 언어에 국한되는 현상이 아니라는 것이 피아제 이론의 핵심이다. 그런데 정말 아이들이 피아제의 이론에 따라 성장하기만 하는 걸까?

직관을 뛰어넘는 아이들의 능력

생후 5개월밖에 지나지 않은 유아가 덧셈과 뺄셈을 할 수 있다면, 믿기는가? 1992년 세계적인 과학 잡지인 〈네이처〉에 흥미로운 수준을 넘어 다소 충격적인 연구 결과가 발표되었다. 당시 애리조나대학 심리학과에 재직 중이던 캐런 윈 교수(현재는 예일대학 심리학과)가 발표한 논문이 바로 그것이다.[9] 종이 상자로 만든 무대 앞에 생후 5개월 된 유아를 앉힌다. 이 작은 종이 상자 무대의 한편에는 작은 구멍이 뚫려 있다. 아이가 무대를 보고 있으면 손 하나가 무대로 들어와 두 개의 인형을 놓고 나간다. 두 개의 인형이 놓여 있는 무대를 스크린이 가린다. 빈손이 다시금 나타나, 인형 하나를 가지고 나간다. 자, 그럼 남은 인형의 수는? 당연히 하나다.

여기서 인형이 한 개 남은 경우는 가능한 상황이고, 인형이 여전히 두 개가 있다면 불가능한 상황이다. 윈 교수는 인형의 수를 더하거나 빼는 여러 실험을 진행했는데, 아이들은 모두 가능한 상황보다 불가능한 상황을 더 오래 응시했다. 말을 할 수 없는 이 시기의 아이들이 무언가를 오래 쳐다보는 때는 무언가 새롭거나 이상함을 느낄 때다. 즉 아이들은 불가능한 상황을 보고 '어? 왜 인형의 수가 저렇지?'라는 이상함을 느꼈을 가능성이 크다. 이를 통해 윈 교수는 불과 생후 5개월밖에 되지 않은 유아도 덧셈과 뺄셈의 개념을 이해할 수 있다고 주장했다. 유아를 대상으로 하는 연구들이 일반적으로 결과 해석에 주의를 요한다는 점을 고려하더라도 이 연구는 매우 큰 반향을 불러일으켰다. 피아제의 입장에서 보면 이 시기 유아들로서는 꿈도 꿀 수 없는 능력이기 때문이다.

아이들의 능력을 바라보는 어른들의 관점

피아제의 관점이 맞느냐 틀리느냐 하는 논쟁은 끊임없이 이어져왔고 앞으로도 계속될 듯하다. 그럼에도 진지하게 고민해볼 필요가 있는 문제는 이것이다. "과연 우리는 지금까지 아이들의 능력을 어른의 눈으로만 평가해오지 않았는가?" 이와 관련해 중요한 시사점을 던져주는 '시각절벽visual

cliff' 연구를 살펴보자.

　먼저 격자무늬를 이용해 절벽이라는 느낌을 강하게 만들어놓고 그 위에 유리를 올려놓는다. 아이는 떨어지지 않겠지만 절벽 앞뒤로 무언가 다르다는 것을 느낄 수 있다. 맞은편에서는 엄마(혹은 그 아이와 친한 어른)가 아이의 애착 인형 따위를 들고 친근한 목소리로 아이를 부른다. 실험자는 시각적으로 만든 절벽을 아이가 건너는지 여부와 함께 어떤 반응을 보이는지도 관찰한다. 이 장치를 사용한

1950~1960년대 연구에서 공통적으로 나타난바, 생후 10개월 된 유아들은 대부분 시각절벽 앞에서 멈추고 가기를 주저하거나 엄마를 바라보고 울었다. 그러나 생후 5개월 된 유아들에게서는 이런 현상을 찾아볼 수 없었다. 이 결과에 기초해 연구자들은 다음과 같은 결론에 도달했다. "인간의 깊이 지각은 생후 10개월은 되어야 지닐 수 있는 능력이다."

이런 결론은 사실일까? 동일한 장치를 사용한 이후 연구 결과들은 그렇지 않음을 말해준다. 생후 5개월 된 유아에게서 특이한 점이 발견됐는데, 이들이 절벽을 건너면서 평소보다 오히려 덜 울고 심장박동도 더 느려진 것이다. 상식적으로 생각하면, 깊이를 지각하지 못한 유아는 평소와 같이 행동해야 한다. 그런데 실제로 유아는 오히려 이런 상식과 정반대 행동을 보였다. 무서워하기보다는 재미있어하거나, 안락함을 느끼지 않고서는 보일 수 없는 행동을 취한 것이다. 결국 다양한 후속 연구를 통해 연구자들은 완전히 다른 결론에 도달했다. "생후 5개월 된 유아는 깊이를 지각할 수 있다. 다만 그 깊이로 인해 느끼는 감정이 달랐다." 생후 10개월이 지나야 '깊이'라는 차원을 지각할 수 있다는 관점은 수정이 불가피해졌고, 이는 유아나 아동을 바라보는 심리학자들의 생각에 큰 변화를 불러일으키기 시작했다. 요컨대 '어른의 잣대'로 '아이의 능력'을 평가해선 안 된다는 것. 어른들은 절벽 앞에서 움츠러들고 무서워하는 행동을 곧 깊이를 지각하는 능력을 소유하고 있는 증거라고 여긴다. 하지만 그런 행동은 깊이 지각 능력과는 별도로, 유아가 살아가면서 '깊이'와 '무서움'을 후천적으로 연합했기에 나타난 행동일 것이다. 흔히 빨간색을 보면 경각감을 느끼는 것과 마찬가지다.

최근의 연구를 종합하면, 인간은 이미 상당한 기본 능력을 갖추고 태어남을 알 수 있다. 그런데 사람들은 그러한 능력 상당수를 아이들이 지니고 있지 않다고 생각한다. 성인이 기대하거나 규정한 방식대로 아이들이 행동하지 않기 때문이다. 인간의 '숨겨진' 기본 능력은 앞으로 연구를 통해 밝혀야 할 부분이다. 우리는 인간이 지닌 어떤 능력이 선천적으로 타고난 것이냐 후천적으로 개발한 것이냐를 두고 갑론을박하기에 앞서 '과연 아이들을 어떻게 바라보고 이해할지'를 진지하게 고민해봐야 한다. 심리학은 이렇게 끊임없이 확증과 반증을 계속해나가면서 인간에 대한 지식과 정보를 쌓아 올리고 있다.

판단과 결정의 심리학

1.
인간의 판단은 합리적이다?

인간은 어떻게 판단하고 결정할까? 이것은 심리학의 오랜 관심사다. 하지만 인간의 판단과 결정을 연구하는 학문이 오로지 심리학뿐일까? 당연히 아니다. 심리학의 역사는 다른 사회과학 분야에 비해 매우 짧고, 심리학 이전에도 여러 학문 분야에서 인간의 판단과 의사결정을 연구해왔다. 그중 대표적인 것이 경제학이다. 비록 재화와 용역 같은 경제적 대상을 중심으로 한 판단과 의사결정 연구이지만, 인간이 어떤 측면을 중요하게 고려해 어떤 과정을 거치는가에 관심을 두었다는 사실 하나만으로도 경제학은 '또 다른 심리학'으로 불린들 손색이 없을 것이다.

인간의 판단과 의사결정에 가장 중요한 영향력을 미치는

요인은 무엇일까? 이 질문에서 경제학과 심리학의 관점은 나뉜다. 그 차이를 이해하려면 먼저 합리성을 둘러싼 논쟁을 살펴볼 필요가 있다. 왜냐하면 초기 경제학이 관심을 가졌던 인간 판단과 결정의 근거가 기대가치 혹은 기대효용 같은 객관적 지표들이었던 데 반해, 심리학은 이 지표들의 실제적 영향력에 깊은 회의를 품었기 때문이다.

인간의 합리성에 대한 회의

인간은 과연 합리적인 존재인가? 이는 심리학보다 훨씬 더 긴 역사를 지닌 철학에서도 오랜 논쟁의 대상이 되어온 이슈이며, 따라서 쉽게 답할 수 있는 질문이 결코 아니다. 하지만 분명한 것은, 대다수 심리학자가 인간의 합리적인 측면보다는 그렇지 못한 부분에 더 관심이 많다는 사실이다. 그리고 인간의 합리성에 관한 논쟁과 연구를 통해 우리는 인간이 어떻게 판단하고 결정하는가에 대한 안목을 넓힐 수 있었다.[1]

많은 심리학 연구에서는 '인간은 이래야 한다'는 당위를 최대한 배제한 채, 인간에게서 찾아볼 수 있는 다양한 편향bias 요인에 초점을 두어왔다. 이러한 편향 요인들은 자주 오류를 만들어내기도 하지만 우리의 판단과 의사결정에 지대한 영향을 미친다.[2] 게다가 다양한 영역에서 '판단과 의사결정'이라는 주제로 관찰된 데이터들이 축적됨에 따라, 심리학 연구도 '왜 인간은 편향으로 인해 합리적인 판단에 도달하지 못하는가?'라는 다소 부정적 관점에서 '인간은 어떤 편향들에 주로 합리적이지 못하게 되는가?'라는 보다 가치중립적인 방향으로 전환되었다. 최근에는 '인간이 정말 합리적일 필요가 있는가?'라든지 '합리성이라는 것이 과연 판단의 가장 중요한 근거로 볼 만한 가치가 있는 것인가?' 같은 매우 근본적인 지점을 탐색하는 입장이 이어지고 있다.[3] 이 긴 흐름을 지금 모두 살펴볼 수는 없지만, 인간이 주로 어떤 측면을 고려하며 무엇을 지향하는가에 관한 논의는 분명 짚고 넘어갈 필요가 있다.

판단의 근거를 다시 생각하기

인간의 판단과 의사결정에서 매우 중요하게 고려되는 것이 바로 확률에 대한 판단이다. 왜냐하면 우리가 결정을 내릴 때 원인이나 결과에 대한 확률 판단이 지대한 역할을 하기 때문이다. 하지만 이 확률 판단에서조차 인간은 전혀 다른 요인들의 영향을 강하게 받는다는 것을 관련 연구들이 잘 보여주고 있다. 판단과 의사결정이라는 분야 연구자들에게 매우 유명한 이른바 '린다의 이야기' 연구를 살펴보자.[4]

린다는 스물여덟 살의 독신 여성이다. 그녀는 몇 군데 여성 단체에서 활발하게 활동하고 있다. 특히 학대로 고통받는 여성들을 위한 보호시설에서 자원봉사자로 일하고 있으며, 임신중지 권리를 주장하는 시위와 행진에도 자주 참여하고 있다.

이와 같이 린다에 관한 정보를 준 뒤 실험 참가자들에게 '린다가 은행원일 확률'을 추정케 하면, 그 확률은 대부분 높지 않다. 하지만 다른 참가자들에게 '린다가 페미니스트인 은행원일 확률'을 물으면, 추정된 확률이 크게 높아진다. 전자가 후자를 포함하고 있기 때문에 후자의 추정값이 무조건 전자보다 낮아야 함에도 이런 현상이 관찰되는 것이다. 이를 연구자들은 '대표성 휴리스틱representativeness heuristic' 혹은 '편향'이라고 부른다. 그렇다면 이러한 결과는 왜 일어나는 것일까? 관련 연구자들은 사람들이 확률 판단

이 아니라 유사성similarity 중심 판단을 했기 때문인 것으로
보고 있다.[5]

　이 사례는 인간의 판단과 결정에 관해 좀 더 깊은 함의를
제시한다. 확률의 관점에서 보면 사람들은 분명 비합리적으
로 판단했다. 하지만 유사성이 인간의 판단에 더 중요한 요
소라면? 오히려 사람들이 '합리적' 판단을 한 것으로 볼 수
있다. 인간이 실제 세상에서 확률을 추정할 수 있는 경우는

거의 없으니, 가용한 유일한 단서인 유사성을 판단에 사용한 것으로 볼 수 있기 때문이다. 확률 정보가 주어지지 않아 확률 추정이 어려운 상태라면 현실적으로 사용 가능한 정보를 사용해 결정에 이르는 것을 잘못되었다고 탓할 수는 없다. 그리하여 심리학자들은 인간이 고려하는 것 자체가 불가능한 혹은 지킬 필요가 없는 기준을 설정해놓고 그것을 따르지 않는다는 이유로 우리가 인간을 비합리적이라고 단언하는 것은 아닐까 하는 회의를 품게 되었다. 이 생각은 '인간은 과연 무엇을 가지고, 무엇을 위해 판단하고 결정하는 것일까?'라는 질문으로 자연스럽게 옮겨 갔다.[6]

만족: 판단의 지향점

앞의 질문에서 가장 중요한 이슈는 바로 판단을 완성하는 시점이다. 이 질문에 가장 먼저 답변을 시도한 사람 중 하나가 바로 허버트 사이먼이다. 1978년 노벨 경제학상을 수상하기도 한 인지과학cognitive science의 거목 사이먼이 주목한 점은 인간의 인지능력이 지니는 한계점이다. 어떤 결정 상황이든 선택지의 수는 무한에 가깝다. 그리고 그 대안을 모두 일일이 평가한다는 것은 인간의 인지능력 밖의 일일 것이다. 따라서 모든 대안, 그리고 개별 대안이 지니는 여러 속성을 분석하고 다른 대안과 비교해 최적의 대안을 선택하는 방법은 인간에게 그다지 현실적이지 않다. 그보다는 자신이 그 결정으로 만족하는 순간이나 수준에서 판단하고 생각을 멈추는 편이 더 적절하고 현실적일 것이다. 요컨대 만족이 일어나는 순간 결정이 일어나며, 따라서 인간의 판단과 의사결정은 '최적'이 아닌 '만족'을 지향한다고 사이먼은 주장했다.

예를 들어, 작은 음식점 사장이 아르바이트생을 한 명 채용하려고 학생들을 계속해서 면접한다고 가정해보자. 몇 명 만나본 후 사장은 세 번째와 다섯 번째로 본 여학생과 남학생이 괜찮을 것 같다고 생각한다. 이제부터 사장은 그 두 명의 후보자를 놓고서 치밀하고 꼼꼼하게 비교하기 시작한다. 그리고 둘 중에 더 낫겠다 싶은 사람을 선택한다. 당연히 더 이상의 면접은 없다. 물론 사장이 더 많은 학생을 면접했더라면 더 괜찮은 학생을 만날 수도 있었을 것이다. 하지만 만족스러운 몇 개의 대안(여학생 한 명과 남학생 한 명)을 발견하는 순간 의사결정자는 일단 멈춘다. 그리고 지금부터는 본격적으로 '합리적인' 사람인 양 치밀하게 그 대안들을 비교한다.

이를 사이먼은 '제한된 합리성bounded rationality'이라고 부르면서, 그 기저에는 최적을 찾는 것이 아니라 만족을 추구하는 성향이 있다고 보았다.[7]

관점이 결정하는 인간의 판단

인간은 최적이 아닌 만족을 지향한다는 허버트 사이먼의 이론은 인간이 어떤 판단 근거를 사용하는지에 관한 더 자세한 관찰들로 이어졌다. 그중 대표적인 것이 바로 프레임 효과frame effect에 기초한, 아모스 트버스키와 대니얼 카너먼의 '조망 이론prospect theory'인데, 1970년대 이후 무수한 휴리스틱 연구들도 여기에 뿌리를 둔다고 할 수 있다.[8]

그럼 프레임 효과와 조망 이론에 대해 간략히 알아보자. 다음은 트버스키와 카너먼이 실제 연구에서 사용한 예다.[9]

한 마을에 600명이 살고 있다. 그런데 무서운 질병이 발생해 마을 사람 모두 희생될 것으로 예상된다. 이에 대응하여 두 가지 치료 프로그램이 있다. 두 프로그램의 예상 결과는 다음과 같다.

- 프로그램 A: 200명을 살릴 수 있다.
- 프로그램 B: 33퍼센트의 확률로 600명을 살리고, 67퍼센트의 확률로 아무도 살리지 못한다.

"당신이 질병관리 기관 책임자라면 어떤 프로그램을 선택하겠는가?" 이런 질문을 하면 응답자 대부분이 프로그램 A를 선택하겠다고 답한다. 하지만 질문의 프레임 즉 관점을 약간 바꾸면 반응은 정반대 양상을 띤다.

- 프로그램 A: 400명이 죽는다.
- 프로그램 B: 33퍼센트의 확률로 아무도 죽지 않고, 67퍼센트의 확률로 600명이 죽는다.

이 같은 상황에서는 대부분이 프로그램 B를 더 선호하는 경향을 보인다. 이러한 불일치가 의미하는 바는 매우 흥미롭다. 왜냐하면 프로그램 A에서 말하는 두 결과는 사실 같은 것이기 때문이다. 600명 중 200명이 사는 것이나 400명이 죽는 것이나 마찬가지다. 물론 이런 면은 프로그램 B도 마찬가지다. 그런데 왜 이런 결과의 불일치가 일어난 것인가? 왜 '600명 중 200명을 살리는 방법'은 선호되는 반면 '400명을 죽이는 방법'은 선호되지 않을까?

먼저 A와 B의 차이점을 이해할 필요가 있다. 가장 중요한 차이는 A보다 B가 더 모험적이라는 것이다. A는 결과가 확실하고, B는 어떤 결과가 일어날지 알 수 없다. 따라서 응답자가 A를 선호하는 첫 번째 실험에서는 모험을 회피하려는 경향이 나타났다고 볼 수 있으며, B를 선호하는 두 번째 경우에는 오히려 모험을 감수하려는 경향이 상대적으로 더 강하게 일어났을 것이라는 추론이 가능하다. 그렇다면 왜 첫 번째 경우에서보다 두 번째 경우에 사람들은 모험을 감수하려는 경향을 보인 것일까?

트버스키와 카너먼은 첫 번째와 두 번째 A 각각에 포함되어 있는 '살린다'와 '죽는다'라는 말에 초점을 맞추었다. '살린다'는 '구한다'는 뜻이며, 획득과 손실의 관점에서 '획득'에 가까운 반면, '죽는다'는 것은 '손실'에 가깝다. 여기서 내릴 수 있는 결론은 이렇다. "사람들은 무언가를 손실의 관점으로 볼 때 그 확실한 손실을 받아들이는 것이 매우 큰 부담이 되기 때문에 모험을 감행한다." 더욱이 이런 경향성은 특정 분야에서 전문적으로 오래 활동해온 사람들이 자기 직업과 연관된 내용으로 이 문제를 재구성해 제시받는 경우에도 마찬가지로 도출된다. 예를 들어 숙련된 의사들이 치료 방법을 선택할 때 '1년 이상 생존할 확률'과 '1년 이내에 사망할 확률'이라는, 서로 다른 관점에 기초한 같은 메시지에 따라 결과는 분명한 차이를 보였다.[10]

앞의 A와 B 중 기대가치나 기대효용에 기초해 우열을 가리기는 매우 어렵다. 그렇다면 획득과 손실이라는 두 프레임을 통해, 대안의 속성 중 어떤 측면에 초점을 맞출지 중간 결정을 하는 수밖에 없다. 이후 심리학은 판단과 의사결정의 근거가 되는 다양한 요인들을 하나하나 밝혀가면서 인간이 지니는 주관적 측면들을 조금씩 이해해나가기 시작한다.

이성 vs. 정서

이런 연구들이 우리에게 의미하는 바는, 판단과 결정에 작용하는 힘이 논리적인 분석이나 사고에만 의존하지 않는다는 것이다. 더 깊게 생각해보면 정서와 동기가 배경에 있을 것이다. 이후의 연구를 보면 결정의 순간에 강하게 작용하는 것은 이성보다는 정서임이 더욱 분명해진다. 실제로 행동이 일어나기 바로 직전, 그러니까 결정하기 직전의 순간까지 여러 생각이 두 대안 C와 D 가운데 C를 선택하는 쪽으로 기울다가도, 정작 결정 자체는 D로 내리는 경우를 종종 경험하게 된다. 이는 생각의 긴 과정과 결정에 따른 행동의 불일치를 의미하는데, 심리학뿐만 아니라 다른 학문 분야에서도 오랫동안 관심을 기울여왔지만 해답을 제대로 얻지 못한 주제이기도 한다. 이른바 '태도와 행동 사이에 존재하는 불일치' 현상이다. 왜 이런 현상이 일어나는 것일까? 여러 설명이 가능하겠지만 한 가지 분명한 점은 결정에 미치는 정서의 영향력이 그만큼 크다는 것이다.

이와 관련해 최근 심리학자 대다수가 동의하는 것이 하나 있다. 바로, 이성과 논리가 정서보다 언제나 우수하다는 생각이 틀렸다는 것이다. '이성과 논리'의 중요성과 우수성이 지나치게 역설된 과거에는, 정서가 판단과 결정에 작용하는 영향력 및 긍정적 효과를 과소평가하는 오류가 학계나 일반 대중 사이에 만연했다. 그 결과, 우리 인간이 저지르는 대부분의 실수나 오류를 감정 탓으로 돌리며 정서 혹은 감정이라는 단어 자체를 부정적인 맥락에서 사용해온 것이 사실이다.

그렇다면 정서의 역할은 무엇일까? 가장 중요한 것은, 결정이 정서의 힘에 의해 이루어진다는 데 있다. 이는 뇌에서 정서를 담당하고 있는 영역만 선별적으로 손상된 환자들이 어떤 증상을 보이는지 관찰함으로써 분명하게 확인할 수 있다. 이 환자들은 이성과 논리를 담당하고 있는 뇌 영역이 상대적으로 덜 손상되었기 때문에 수학, 퍼즐, 논리 문제 등을 손상 이전과 비교해 그리 어렵지 않게 풀어낼 수 있지만 아주 사소한 결정조차 하지 못하는 장애를 가지게 된다.[11]

인간이 결정을 내릴 때는 어떤 느낌이 동반되어야 하며, 그 느낌이 존재하지 않으면 결정의 순간에 판단의 근거를 강하게 느끼지 못하기에 주저할 수밖에 없다. 실제로 게임이나 도박 중독 등 특정한 행동에서 빠져나올 결정을 내리지 못하는 유형의 환자들 상당수에게서 정서적 단편성으로 인한 성격장애가 자주 발견된다. 즉 잘못된 결정을 내리거나 결정 자체를 힘들어하는 경우엔 제 기능을 발휘하지 못한 정서가 주요 원인 중 하나라는 얘기다. 게다가 각기 다른 문화나 집단 사이에 나타나는 수많은 정서적 차이는 각 구성원이 내리는 판단과 의사결정이 왜 그렇게 다른지를 설명할 때 유효한 접근이 된다.

정서라는 요인은 인간의 판단과 의사결정에 관한 향후 연구에 중요한 함의를 전달한다. 왜냐하면 인간의 정서와 관련된 연구들은 필연적으로 다양한 학문 분야와 연결되기 때문이다. 인문학은 물론이고 병리학 같은 세포 수준의 연구들까지 각 영역에서 다루는 다양한 정서가 개별적인 수준으로 존재한다. 따라서 이런 개별 연구에서 다루는 정서에 관한 수많은 연구가 통합되어 정서와 생각이 최종 행동에 이르는 인과관계를 파악할 수 있을 때, 비로소 인간이 왜 그리고 어떻게 판단하고 결정하는지를 근본적으로 이해할 수 있게 될 것이다. 이제 그 중요한 결과물 하나를 다음 장에서 알아보자. 바로, 행동경제학이다.

2.
심리학의 확장,
행동경제학

1980년대부터 학문적으로 발전을 거듭해 이제 웬만한 사람들 귀에도 꽤나 익숙한 학문 분야가 이른바 행동경제학behavioral economics이다. 20세기 후반 미시경제학 분야에서 가장 중요한 변화 중 하나로도 손꼽히는 행동경제학은 쉽게 말하자면 심리학과 경제학의 만남이다. 인간의 판단과 의사결정을 전공으로 하는 심리학자인 나에게 쏟아지는 질문 하나가 바로 "도대체 행동경제학이 무엇인가요?"다. "제발 쉽게 설명해주세요!"라는 주문이 이어진다. 그다음 나오는 질문은 이렇다. "그래서 행동경제학이 인간의 소통과 설득에 어떤 도움이 되나요?" 결론부터 말하자면, 행동경제학은 단순히 경제학의 한 분파나 이론에 그치는 것이 결코 아니다. 행동경제학은 우리의 말과 행동 하나하나에 적용 가능한 수많은 노하우를 만들어낼 수 있다. 그러니 중요할 수밖에 없는 지식이다.

경제학은 기본적으로 인간이 합리적이라고 가정한다. 그런데 '합리적'이라는 것은 무엇인가? 이때 선악 혹은 옳고 그름의 잣대를 들이밀어서는 안 된다. 경제학에서 이야기하는 합리성은 그런 것이 아니다. 대표적인 예를 들어보자. 경제학의 합리성 가정에 일관성이라는 원칙이 있다. 가령 어떤 사람이 A를 B보다 더 좋아한다고 치자. B와 C 중에서는 B가 좋다. 그럼 A와 C 중에서는? A가 좋다고 대답해야 한다. 그래야 합리적이다. 무엇이 더 옳고 그른지가 아니라 일종의 논리 연산자 같은 '규칙'을 사용해, 그 규칙이 동일하게 적용된다면 같은 결론에 도달해야 한다는 것이 이른바 합리적 의사결정의 핵심이다.

그런데 실제 우리 인간의 생각과 행동을 돌아보면 그렇지 않은 경우도 얼마든지 있다. 다시 말해 A와 C가 주어졌을 때 C가 좋다고 할 수 있는 경우도 얼마든지 있다. 그렇다면 A와 C 중 이번에는 C가 더 좋다고 반응하게 하는 그 원인이 무엇인가? 행동경제학을 연구하는 심리학자와 경제학자는 바로 이 점에 초점을 맞춰왔다.

심리학이 영역을 확장한 학문인 행동경제학의 연구 결과들은 설득과 수사에 어떻게 적용될 수 있을까? 중요한 개별 이론 몇 가지를 통해 행동경제학이 어떻게 인간의 생각과 행동에 영향을 미치는지 살펴보자.

마음의 회계학인 행동경제학

행동경제학 하면 가장 먼저 떠오르는 사람은 시카고대학의 석좌교수로 재직하고 있는 리처드 탈러다. 행동경제학의 아버지를 넘어 '교황'이라고까지 불리는 탈러는 2002년 노벨 경제학상을 수상한 프린스턴대학의 심리학자 대니얼 카너먼 교수조차도 그 공을 돌렸던 인물이다. 지난 2008년 금융위기로 빚더미에 앉은 미국을 이른바 401(K) 저축 플랜의 설계로 구한 사람으로 불리기도 한다. 그런데 경제학 이론이 어떻게 설득과 수사에 적용되고, 심지어 조정에 핵심적인 도움을 줄 수 있을까? 그의 이론은, 사람이 자신의 현재 욕구에 기초해 타인의 메시지 혹은 제안을 받아들일 때 사소해 보이지만 결정적인 변수들에 의해 좌우된다는 것을 밝힌다. 다음 상황을 예로 들어보자.

- 상황 A: "오랜만에 평소 좋아하는 가수의 콘서트장을 찾았다. 티켓 가격은 10만 원이다. 지갑을 열어봤는데 10만 원을 잃어버린 사실을 알았다. 그래도 10만 원을 지불하고 콘서트 티켓을 구입하겠는가?"

사람에 따라 티켓을 구입할 수도 있고 그러지 않을 수도 있다. 그렇다면 다음의 상황은 어떤가?

- 상황 B: "오랜만에 평소 좋아하는 가수의 콘서트 티켓을 10만 원에 구입했다. 공연 당일 콘서트장에 도착했는데 티켓을 잃어버렸다는 사실을 뒤늦게 알았다. 이 티켓은 재발행되지 않는다고 한다. 그렇다면 다시 10만 원을 지불하고 콘서트 티켓을 구입하겠는가?"

이번에는 어떤가? 왠지 상황 A에서보다 이 상황 B에서는 티켓을 구입하고자 하는 마음이 덜해진다. 실제로 대부분의 사람도 그렇다. B의 상황에서는 왠지 추가 지불해야 하는 돈이 더 아깝게 느껴지기 때문이다.

10만 원에 해당하는 가치를 잃어버렸고, 콘서트를 보려면 10만 원을 다시 지불해야 한다는 사실은 두 상황에서 똑같다. 그런데 왜 차이가 발생하는 것일까? 상황 A에서 잃어버린 10만 원은 전적으로 지갑 속 현금의 일이다. 하지만 상황 B에서 잃어버린 것은 콘서트를 위한 티켓이었다. 상황 B에서는 '다시' 그것을 위해 지불한다는 느낌이 더 강하게 든다. 그러니 아깝고 속상한 기분이 더 드는 것이다.

사람들은 이렇게 마음의 계좌mental account를 어떻게 만드는가에 따라 전혀 다른 방식으로 생각한다. 비슷한 일에 무언가를 소모하면, 그다음 일에 인색하게 되는 것도 바로 이 때문이다. 이번에는 다음의 두 상황을 비교해보자.

- 집단 A: 일주일 전 농구 경기 관람에 5만 원을 지출했다.
- 집단 B: 일주일 전 5만 원짜리 주차 위반 스티커를 발부받았다.

두 집단에게 꽤 유명한 음악회에 갈 것인지 물었다. 결과는 어땠을까? 이미 눈치 빠른 독자라면 알아차렸을 것이다. 집단 A에서 음악회에 가겠다는 응답이 현저히 낮다. 왜 그럴까? 마음의 계좌에서 비슷한 항목에 대한 지출이 이미 일어났기 때문이다. 하지만 집단 B에게 5만 원의 지출은 전혀 다른 성격의 일이다. 그러니 아직 마음의 계좌에 돈이 남아 있는 것이다. 이런 현상이 꼭 돈에 대해서만 일어나라는 법은 없다. 아니, 더 정확하게는 인간 행동 대부분에 적용될 것이다. 그래서 행동경제학의 연구 결과는 조금만 확장해 생각해보면 우리 주변에서 벌어지는 수많은 현상을 설명하고 예측하는 데 매우 유용하게 사용될 수 있다.

세 개 사면 한 개 무료

인간은 불안을 너무나도 싫어한다. 왜일까? 불안하면 이후 부정적 사건들이 불러오는 고통이 더욱 커지기 때문이다. 이를 잘 보여주는 일상생활의 예는 무수히 많다. 회초리를 맞을 때도 나중에 맞는 것이 더 아프다. 앞사람들이 맞는 걸 보면서 불안이 커지기 때문이다. 그래서 같은 물리적 고통에도 더 아파한다.

그렇다면 불안은 언제 커질까? 살다 보면 자연스럽게 알게 된다. 이른바 모호하고 불확실한 상황이다. 공포영화가 무서운 것도 그 때문이다. 괴물이나 귀신 나오는 장면만 따로 떼어내 보면 그렇게까지 무섭지는 않다. 그런데 그게 언제 나올지 모르는 모호하고 불확실한 상황에서 보게 되니 무서운 것이다. 한마디로 불안은 모호함과 불확실함을 통해 극대화된다. 그러니 사람들은 그 반대인 구체적인 무언가에 필요 이상으로 매력을 느끼게 된다. 인간이 얼마나 모호함을 싫어하는지는 이른바 엘스버그의 패러독스Ellsberg Paradox 현상을 통해 알 수 있다.

항아리에 공 90개가 담겨 있다. 빨간 공이 30개 있으며, 나머지 60개는 까만 공이거나 노란 공이다. 까만 공과 노란 공의 비율은 모른다. 게임의 규칙은 간단하다. 먼저 공의 색깔을 말한 후 눈을 감고 항아리에서 공을 꺼낸다. 꺼낸 공의 색깔이 자신이 말한 색깔과 일치하면 돈을 받는다.

첫 번째 질문. "빨간 공(A) 혹은 까만 공(B) 중에서 어디에 돈을 걸겠습니까?" 대부분 빨간 공(A)을 선택한다. 빨간 공이 확실히 30개는 있으니 말이다. 여기까지는 그럴 수 있다고 칠 수 있다. 그다음 단계가 문제다. 다시 공을 항아리에 집어넣어 90개를 만들고, 이제 두 번째 질문. "'빨간 공이나 노란 공'(C) 혹은 '까만 공이나 노란 공'(D) 중 어디에 돈을 걸겠습니까?" 이 질문에 사람들은 어떤 답을 내놓을까? 대부분은 '까만 공 혹은 노란 공'(D)이 나오는 쪽에 돈을 걸겠다고 한다. 같은 사람에게 첫 번째 질문과 두 번째 질문을 연속해서 물어봐도 이런 경향이 고집스럽게 나타난다. 그런데 조금만 더 생각해보면 이는 매우 우스운 일이다. 왜냐하면 첫 번째 질문에서 빨간 공(30개)에 걸겠다는 것은 자동으로 까만 공이 30개보다 적다고 가정하는 것이다. 그리고 이는 다시 노란 공이 30개보다 많다는 가정과 연결된다. 이를 두 번째 질문과 연결하면 '빨간 공+노란 공'은 60개가 넘으며, 이는 '까만 공+노란 공'(60개)보다 더 당첨될 확률이 높다는 말이 된다. 그런데도 많은 사람이 A와 D를 선택한다. 이렇게 사람들은 깊이 생각하지 않은 채 지금 이 순간 확실하고 구체적으로 보이는 대안에 엄청난 매력을 느낀다. 이를 보여주는 중요한 예를 하나만 더 살펴보자.

판단과 의사결정에 관한 심리학 서적이나 행동경제학 교재 초반부에 자주 등장하는 유명한 예가 있다. 이른바 알레의 역설Allais Paradox이다.

• 게임 A: 10억 원 딸 확률이 100퍼센트다.

- 게임 B: 다소 더 복잡하다. 10억 원 딸 확률이 89퍼센트이고, 50억 원 딸 확률이 10퍼센트이며, 남은 1퍼센트의 확률로 아무것도 따지 못한다.

무엇을 선택하겠는가? 사람들의 선택은 A에 좀 더 몰린다. 그렇다면 다음 둘은 어떤가?

- 게임 C: 10억 원 딸 확률이 11퍼센트다. 나머지 89퍼센트의 확률로 아무것도 따지 못한다.
- 게임 D: 50억 원 딸 확률이 10퍼센트다. 나머지 90퍼센트의 확률로 아무것도 따지 못한다.

C와 D 둘 중 어떤 게임이 더 좋은가? 물어볼 필요도 없다. 절대다수가 D를 선택한다. 그런데 여기에는 재미있는 불일치가 있다. '10억 원 딸 확률 89퍼센트'를 게임 A와 B에서 각각 뺀 것이 게임 C와 D이기 때문이다. 따라서 A를 선택한 사람은 C를 선택해야 일관성이 있다. 하지만 누구도 그런 선택을 하지 않는다. 수학적으로는 같은 값을 빼낸 것이지만 심리적으로는 무언가 중요한 것이 하나 더 빠졌기

때문이다. A에서 C로 가면서 확실함(100퍼센트) 또한 무너졌다. 그래서 A를 선택한 누구에게도 C를 선택할 이유가 사라진다.

인간은 이만큼 확실한 것을 좋아한다. 그런데 문제는 실제로는 확실하지 않은데 확실한 것처럼 포장된 경우조차도, 그것을 더 좋아한다는 사실이다. 실생활에서 얼마든지 그런 사례를 찾아볼 수 있다. 얼마 전 목격한 타이어 판매점의 광고가 좋은 예다. 작년 초까지만 하더라도 광고 문구는 '타이어가 신발값보다 싸다'였다. 그런데 지난달부터 '타이어 세 개 사면 한 개 무료'라는 광고로 바뀌었다. 호기심에 그 판매점 사장님께 매출에 변화가 있었느냐고 물었더니, 광고를 바꾼 후 상당히 긍정적인 효과가 있었다는 대답이 돌아왔다. 타이어가 아무리 싸다고 해도 관심이 없던 소비자들이 세 개를 사면 한 개를 '확실하게' 무료로 준다는 광고에 더 끌렸다는 것이다. 조금만 생각해봐도 실소를 금할 수가 없는 대목이다.

실제로 이와 비슷한 연구들이 상당수 있다. '세탁 세 벌 할 때마다 한 벌은 무료'라는 광고가 '세탁 한 벌당 가격 25퍼센트씩 인하'라는 광고보다 더 힘을 발휘한다. 실제로 세탁을 두 벌만 하는 경우 후자가 더 좋은 조건인데도 말이다. 하지만 이를 인간 판단의 비합리적 측면으로만 봐서는 안 된다. 확실한 것은 고민의 양을 줄여준다. 그래서 우리는 확실한 것을 선호한다고 봐야 할 것이다. 이는 인간의 커뮤니케이션에도 중요한 질문을 던진다. 나와 대화하고 있는 사람들에게 내가 얼마나 확실한 것을 알려주고 있느냐를 되돌아볼 필요가 있다는 것이다.

이 사실은 무엇을 의미하는가? 확실함을 보장하는 규칙들은 작더라도 반드시 지켜져야 한다. 예를 들어, 'ㅇㅇ하면 확실하게 ㅇㅇ할 수 있다'라는 형태의 메시지들이 그렇다. 아주 작은 규칙이라도 제대로 지켜지지 않으면 사람들의 피로감, 좌절 혹은 분노와 같은 부정적 감정이 심각한 수준으로 올라가 표출된다. 반대로 이와 관련된 작은 규칙이라도 확실하게 실행된다는 느낌을 주면 그 효과는 예상외로 크다. '예측 가능성'을 높이기 때문이다. 그러니 불안이 사라지고 구체적이면서 확실한 무언가를 예상할 수 있게 된다. 특히나 초조하거나 불안해하는 사람에게는 작은 약속들이 구체적으로 지켜지고 있는지가 매우 중요한 정보다.

소비의 기쁨과 지불의 고통

행동경제학에서 이야기하는 또 다른 측면은 이른바 지불 분리payment decoupling다. 이것도 예를 통해 알아보면 더 이해가 쉽다. 놀이공원에서 실컷 놀고 집에 돌아갈 때 문득 이런 생각이 든 적은 없는지? '자유이용권을 살 것이 아니라 놀이기구를 탈 때마다 티켓을 샀다면…….' 정액제와 종량제 사이의 고민이다. 전자는 미리 (혹은 나중에) 정해진 '상당한' 돈을 지불하고 대신 마음껏 쓰는 것이다. 후자는 사용할 때마다 그에 따른 돈을 지불하는 것이다. 휴대전화든 놀이동산이든 그리고 뷔페식당에서든, 우리는 정액제 메시지나 광고에 더 솔깃해한다. 왜일까? 대개 서비스를 제공하는 기업에 더 이익이고 소비자에게는 불리한데도 말이다. 행동경제학 이론에 의하면, 이는 사람들이 보이는 지불 분리 경향성 때문이다. 즉 소비의 즐거움을 느끼는 순간에 지불의 고통을 같이 등장시켜 그 긍정적 느낌을 갉아먹게 하고 싶지 않다는 것이다.

그래서 사람들은 결국에는 더 많이 지출하면서도 정액제를 선호하는 경향을 보인다. 만족의 양을 늘리기 위해. 같은 여행 코스라도 정액제(즉 패키지)로 다녀온 사람들이 무엇을 이용할 때마다 돈을 지불한 사람들에 비해 더 큰 만족감을 느낀다. 사람들은 이렇게 만족의 양을 늘리려고 소비와 지불의 간격을 벌리려고 한다. 신용카드가 왜 과소비를 부추기는가도 정확히 이 현상으로 설명할 수 있다.

설득에는 시간이 필요하다

행동경제학의 중심을 이루는 이론과 관련 현상을 이해하면 설득의 핵심에 좀 더 다가갈 수 있다. 그러기 위해서는 '시간'이라는 변인이 얼마나 중요한 힘을 발휘하는지를 이해해야 한다. 조정과 설득이 힘든 가장 핵심적인 이유는, 상대방에게 최소한도 이상의 희생이나 손해를 감수할 것을 요구하는 일이기 때문이다. 희생과 손해는 그 자체로도 어려운 일인데, 인간은 확실한 손실을 감수하기보다는 차라리 다소의 모험을 선택하고 싶어 하기 때문이다. 확실하지만 단기적이고 작은 손실을 감수해야만 장기적으로 더 큰 위험 요소를 피할 수 있는 상황에서 그러지 못해 우리는 더 큰 손실이나 위기에 봉착한다.

그렇다면 인간은 어떤 경우에 확실한 손실을 기꺼이 감수하는가? 핵심은 시간과 순서에 있다. 그리고 그보다 한발 더 깊숙이 들어간 기저에는 상상과 감정이 있다. 사람들에게 다음과 같이 물어봤다.

100퍼센트의 확률로 5만 원을 잃는 1안과 25퍼센트의 확률로 20만 원을 잃고 75퍼센트의 확률로 아무것도 잃지 않는 2안 중 어떤 것을 선택할 것인가?

대부분의 연구나 실제 인터뷰를 살펴보면 평균적으로 약 80퍼센트의 사람이 2안을 선택하겠다고 응답한다. 사람들은 확실한 손실을 감수하는 것을 꺼리기 때문에 자칫 잘못하면 더 큰 손실을 입을지 모르는 모험을 선택한다는 것이다. 그런데 재미있는 것은, 1안과 2안을 동시에 보여주거나 설명하지 않고 순서를 정해 하나씩 제시하면 사람들의 선택이 정반대의 양상을 띨 수도 있다는 것이다. 방식은 다음과 같다. 먼저 2안의 상황을 설명한다. 그러고는 잠시 뜸을 들인다. 생각할 시간을 주는 것이다. 그러면 사람들은 2안의 상황이 얼마나 좋지 않은지, 즉 20만 원이라는 큰돈을 잃을 때의 상실감과 손해가 얼마나 큰가에 관해 곰곰이 생각해 보게 된다. 즉 상상의 양이 커진다.

상상이라는 것은 참으로 재미있는 힘을 발휘한다. 우리는 싫어하는 어떤 것을 상상하는 것만으로도 몸서리치거나 짜증이 나곤 하지 않는가. 눈앞에 벌어진 일도 아닌데 말이다. 20만 원을 잃는다는 상상을 일정 시간 해보면 당연히 그 상황을 피하고 싶은 욕구도 커진다. 이때 1안을 대안의 형태로 보여준다. 이렇게 이야기하면서. "1안을 선택하면 2안의 상황을 피할 수 있다." 이러면 70퍼센트의 사람이 기꺼이 1안을 받아들여 2안의 상황을 피하겠다고 응답한다. 사람들이 확실하지만 작은 손실을 받아들이겠노라 설득된 것이다. 사실 보험도 이렇게 팔린다. 그래서 연구자에 따라 이 현상을 '보험 프리미엄insurance premium'이라고도 부른다.

이는 무엇을 의미하는가? 우리는 상대방을 설득하려면 그의 이성에 호소해야 한다고 생각한다. 하지만 위의 사례는 설득이 결코 이성만으로는 이루어지지 않는다는 사실을 분명히 보여준다. 상상할 수 있도록 시간적 여유를 부여함으로써 감성 역시 움직이게 해주어야 한다는 것을 의미한다. 이런 과정을 거치면 2안의 상황에 대해 각기 다른 사람이 느끼는 감정이 같아진다. 몇 개의 대안을 놓고 그중 더 합리적인 안은 이것이니, 그것을 고르라고 하는 식의 양자

택일식 강요가 왜 설득이 아닌지를 보여주는 결정적인 대목이다. 많은 설득과 협상의 전문가들이 상대방에게 '생각할 시간'을 줌으로써 오히려 나와 상대방 모두에게 이익이 될 수 있는 결과에 더 빨리 다다를 수 있다고 말하는 이유가 바로 여기에 있다.

후회가 만족의 반대라는 착각

최근 행동경제학 이론을 살펴보면 후회와 만족 역시 매우 중요하게 구분되고 있음을 알 수 있다. 그런데도 우리는 이 둘을 하나의 선분 양쪽 끝에 있는 개념으로 이해, 아니 더 정확히는 오해해왔다. 이른바 만족의 반대가 후회라는 착각이다. 실제로 사람들이 '후회 없이 ○○해서 만족스럽다'라는 식의 표현을 얼마나 많이 쓰는가. 이는 결국 후회하지 않을 것이 만족스럽고 따라서 좋은 것이라는 생각을 의미한다. 과연 그럴까? 심리학자들과 경제학자들이 연구한 결과는 결코 그렇지 않다. 왜냐하면 후회와 만족은 별개의, 즉 독립적인 마음의 과정이기 때문이다. 따라서 동시에 경험할 수도 있으며, 둘 중 어느 것도 느끼지 않을 수도 있다.

후회와 만족이 만들어지는 과정은 매우 상이하다. 먼

저, 후회를 한 번 살펴보자. 후회는 비교에 의해 만들어지는 감정이다. 이를테면 2,000만 원을 주고 자동차를 샀다고 가정해보자. 그런데 며칠 뒤, 다른 친구가 같은 자동차를 1,800만 원에 샀다거나, 혹은 2,000만 원으로 내 것보다 더 좋은 자동차를 샀다는 사실을 알게 되었다. 그럼 나는 어떤 생각을 할까? '좀 더 알아볼걸……' 혹은 '다른 곳에서 살걸……' 하는 후회가 자연스럽게 밀려든다. 후회는 이런 식으로 만들어진다. 내가 어떤 대상을 선택하고 난 뒤 다른 선택이나 대안과의 '비교'가 이루어진 다음에 생긴다. 그렇지만 만족은 철저히 대상 그 자체로부터 느끼는 감정이다. 내가 어떤 자동차를 아무리 싸게 샀다 하더라도 그 자동차의 성능과 승차감이 내가 기대했던 것만큼 좋아야만 만족할 수 있다. 즉 무언가와의 비교가 만들어내는 것이 후회이고, 대상 자체로부터 느끼는 것이 만족이다.

그래서 행동경제학 이론들은 행복이나 삶의 질과 관련해서도 자주 언급된다. 인생 전반이든 아니면 오늘 하루든 후회하지 않기 위한 노력만을 기울이게 되면 말 그대로 '후회 없음'은 이룰 수 있겠지만, 만족과는 별 상관없는 삶을 살 가능성이 크다. 그렇다면 '후회 없음'과 '만족' 중 어느 것이 행복과 더 밀접한 관련이 있을까? 당연히 만족이다. 후회 없는 삶은 무언가 중요한 것이 빠져 있을 수밖에 없다. 그래서인지 동서고금을 막론하고 수많은 현인이 한결같이 진정한 행복은 자기 자신에게서만 찾을 수 있다고 말하는 것인지 모른다. 남보다 더 가지거나 더 누리는 것은 결국 비교를 통한 '후회 없음'에 그치기 때문이다.

그런데 왜 이 둘의 구분이 중요할까? 바로 그다음 행동의 방향과 질이 달라지기 때문이다. 그리고 그 핵심에는 '변화에 대한 민감도'가 자리 잡고 있다. 후회가 염려되는 사람이 가장 먼저 취하는 것은 변화의 양을 줄이는 것이다. 이번에도 예를 들어보자. 지금 살고 있는 아파트를 팔고 앞 단지로 이사 갈까 말까 고민하는 A와 B가 있다. 고심 끝에 A는 그냥 눌러앉았고 B는 이사했다. 그런데 A가 계속 살고 있는 아파트 가격이 5,000만 원 떨어졌다. B가 새로 이사 간 아파트도 5,000만 원 떨어졌다. 그런데 B가 이사 전 살던 아파트는 가격이 그대로다. A와 B 중 누가 후회를 더 많이 할까? 당연히 B다. B는 '이사 오지 말걸' 하는 이전 상태와의 비교를 훨씬 더 자주 할 것이기 때문이다. 이렇듯 인간은 같은 양의 손해 X라도 변화를 만들어낸 다음, 그 손해 X를 당하게 되면 변화 없이 경험하는 X의 경우보다도 훨씬 더 후회한다.

따라서 큰 폭의 변화나 모험적 투자가 필요한 경우 후회의 개념이 활성화되는 것은 그다지 바람직하지 않다. 이때는 어디에서 더 만족할 수 있는지가 부각되어야 한다. 다음의 두 가지 게임을 예로 들어보겠다.

- 게임 A: 12분의 11의 확률로 12만 원을 획득할 수 있고, 나머지 12분의 1의 확률로 24만 원을 잃는다.
- 게임 B: 12분의 2의 확률로 79만 원을 획득할 수 있고, 나머지 12분의 10의 확률로 5만 원을 잃는다.

"두 게임 중 하나를 할 수 있다면 어느 것을 선택하겠습니까?" 대부분의 사람은 A를 선택한다. 그렇다면 사람들은 게임 A를 더 좋아한다고 확실하게 말할 수 있을까? 꼭 그렇지만은 않다. 다음과 같은 질문을 통해 정반대 양상도 얼마든지 관찰이 가능하다. "두 게임 중 어느 것이든 하려면 티켓을 사야 합니다. 티켓 가격이 어느 정도면 사겠습니까?" 이것도 마찬가지로 선호도에 관한 질문이다. 왜냐하면 지불

용의가 있는 최대 금액을 물었기 때문이다. 그리고 상식적으로 이 금액이 더 큰 쪽을 더 선호한다고 볼 수 있다.

사람들이 게임 A에 지불할 용의가 있는 금액은 얼마나 될까? 일단 12만 원을 넘어선 금액을 지불한다는 것은 바보짓이다. 딸 수 있는 돈이 12만 원이니까 말이다. 사람들의 대답은 평균적으로 5~7만 원이다. 그런데 게임 B에 대해서는 사람들이 10만 원, 더 나아가 20만 원을 지불하겠다는 사람조차 나타난다. 게임 B에 대한 사람들의 대체적 반응은 이런 식이다. "따기만 하면 80만 원 가까운 돈이 생기네요. 모험을 한번 해보겠습니다."

재미있는 반전이다. 관련 분야 연구자들은 이를 두고 '선호도 반전 현상preference reversal'이라고 부른다. 게임 A와 B 중 어느 것을 하겠느냐고 물어보면 사람들은 A를 선택(즉 선호)하는 것으로 나타나는데, 두 게임 중 어디에 더 돈을 많이 쓰겠느냐고 물어보면 B에 더 많은 돈(즉 이것도 선호)을 쓰겠다고 응답한다. 이런 불일치는 왜 일어나는 것일까? 답은 호환성에 있다. 사람들은 자신에게 주어진 질문과 가장 호환되는 정보가 무엇인지를 선택의 대상에서 찾으려 하기 때문이다. 그래야 나의 결정(즉 반응)이 더 쉬워질 뿐만 아니라 더 적절하다는 느낌을 가질 수 있기 때문이다. 그래서 선택 상황에서는 확률이, 돈을 투자하는 상황에서는 투자를 통해 획득할 수 있는 돈의 크기가 각각 호환성 있게 보인다. 실제로 비관(확률)과 낙관(딸 수 있는 돈)의 차이도 이렇게 종이 한 장 차이로 갈린다.

작은 변화로 큰 결과의 차이가 가능하다

'12개월 후에 10만 원을 받겠는가, 아니면 13개월 후에 12만 원을 받겠는가?'라고 사람들에게 물어보면 절대다수가 후자를 선택한다. 더 기다리겠다는 것이다. 하지만 '지금 당장 10만 원을 받겠는가, 한 달 뒤에 12만 원을 받겠는가?'라고 물으면 사람들은 대부분 전자를 선택한다. 사람들은 오늘의 쾌락을 이겨내지 못한다. 이래서 우리가 노후 준비를 망치는 것이다. 1992년 미국 국방부는 대규모 인력 감축을 실시했다. 무려 6만 5,000여 명의 장교와 일반병사가 그 대상이었다. 국방부는 그들에게 퇴직금을 일시불로 받을지 아니면 연금 형태로 받을지 물었다. 당시 미국 국채 수익률은 7퍼센트 정도였지만 연금 형태로 받게 되면 연이율이 18퍼센트 내외에 달했다. 그러니 연금 형태가 단연 유리했다. 하지만 장교의 52퍼센트, 병사의 92퍼센트가 일시불을 선택했다. 이들이 입은 손해를 모두 합하면 17억 달러에 달한다고 한다.

정부와 국민 모두 원원할 수 있도록 국민들이 연금에 더 많은 관심을 갖게 하려면, 행동경제학에서는 어떤 조언을 해야 할까? 탈러 교수는 지금 당장은 적은 금액으로 납부를 시작한 뒤 급여가 올라갈 때마다 납부액을 늘려가는 형태를 제안했다. 그러면 사람들은 납부 초반부에 큰 저항감을 가지지 않을 수 있고, 자기도 모르는 사이에 점점 더 많은 금액을 적립할 수 있게 된다. 이것이 바로 탈러가 이른바 '401(K) 저축 플랜'을 설계하여, 지난 금융 위기로 빚더미에 앉은 미국을 구한 사람으로 불리는 이유다. 그리고 이는 불과 10년도 지나지 않은 현재 '급여가 올라갈수록 강제 저축을 늘리라'는 재테크 상식으로 자리 잡았다.

'넛지nudge'는 탈러 교수의 유명한 저서 제목이다. 사전적으로 '팔꿈치로 슬쩍 찌르기'를 의미하는 이 용어는 이제 멱살 잡고 호통치거나 정색하고 강요하는 것이 아니라 은근슬쩍 무언가 변화를 주는 것만으로도 상대방의 마음과 행동을 크게 바꿀 수 있음을 가리키는 말로 통용되고 있다. 남자 화장실에서 소변이 변기 밖으로 튀지 않도록 이용자에게 주의를 주기 위해 "한 걸음 더 다가서시오"라는 명령조 문구나 "남자가 흘리지 말아야 할 것은 눈물만이 아니다"라는 점잖은 훈계를 사용하는 대신, 파리 한 마리를 변기 안 적당한 위치에 그려 넣어 조준하도록 행동을 바꾼 사례가 유명하다. 행동경제학에는 변기 안의 파리와도 같이 '작은 변화지만 큰 결과의 차이'를 만들어내는 흥미로운 이야기가 가득하다. 지금까지 살펴본 사례는 극히 일부에 불과하다. 심리학과 경제학이 만나 꽃을 피운 행동경제학의 수많은 '변기 안 파리'에 대해 한번쯤 공부를 시작해보는 건 어떨까?

심리학과 나

1.
불안을 이해하기

왜 심리학에서는 불안을 주요하게 다루는 걸까? 결론부터 말하자면, 심리학은 불안 없이는 살 수 없는 학문이기 때문이다. 불안은 아마도 인간이 가장 싫어하는 심리상태일 것이다. 그렇기에 역설적으로 인간의 마음을 들여다보는 가장 중요한 창구로 사용되기도 한다. 인간이라면 누구나 불안을 경험한다. 그리고 이 불안에 대처하는 방식은 사람이나 집단, 문화마다 다르고 그 방식을 살펴보면 그들의 성격이나 특성을 쉽게 알 수 있다. 그렇다면 불안이란 무엇일까?

사전적으로 불안은 '마음이 편하지 않고 조마조마한 상태'를 일컬으며, 심리학자들은 일반적으로 '원하지 않는 생각이나 감정을 가질 때 생기는 불쾌한 감정'이라고 조금 더 구체적으로 정의한다. 불안을 느끼면 우리는 그 상태에서 벗어나고픈 강한 욕구를 느낀다. 즉 불안은 그 자체로 끝나는 것이 아니라 지향하는 무언가가 있는 것이다. 그중 하나가 바로 동기다. 동기는 무언가를 향해 인간을 움직이게 만드는 원동력이다. 일종의 에너지처럼 말이다. 순서는 이렇다. 불안한 상태에 빠지면, 그와 관련한 다양한 부정적 정서를 경험하게 하고, 이는 다시금 그 정서에서 벗어나고 싶은 욕구를 발생시킨다. 그 욕구의 해결은 기존 행동의 변화 혹은 새로운 행동을 필요로 하고, 이는 동기라는 기제를 통해 이루어진다. 즉 불안 - 정서 - 동기 - 행동의 변화라는 일련의 연쇄를 하나의 틀로 이해할 수 있다. 우리 삶의 많은 부분이 이 틀 안에서 이해되는 것이다.[1]

고통을 증폭시키는 불안

지금은 금지된 교내 체벌이 나오는 영화나 드라마의 한 장면을 상상해보자. 한 교사가 품행이 불량한 학생 다섯 명을 불러세웠다. 첫 번째 학생이 체벌을 받는다. 체벌을 마친 후 이제 끝났구나 하는 다소 후련한 마음으로 옆으로 비켜선다. 두 번째 학생, 세 번째 학생… 점점 자기 차례가 다가오는 마지막 학생은 마음이 조마조마해진다. 교사는 시간이 갈수록 점점 힘이 빠지므로 뒤로 갈수록 체벌의 강도는 낮아질 텐데, 자기 차례를 기다리는 학생들은 점차로 사색이 되어간다. 급기야 마지막 학생은 자기 차례가 오자 체벌이 아직 시작되지도 않았는데 주저앉고 만다. 마지막 학생은 왜 그랬을까? 체벌받는 학생들 중 가장 크게 고통을 '예측'했기 때문이다. 왜일까? 가장 마지막 순서라서 가장 많이 불안했기 때문일 것이다. 즉 불안은 예견되거나 현재 경험하고 있는 고통을 극대화하는 증폭제다.

모르핀과 같은 진통제는 일반적으로 불안이 수반되는 통증에 대해서만 주로 효과가 있는 것으로 알려져 있다. 한 예로, 치열한 전투 끝에 응급치료를 받고 후송 대기 중인 병사들은 약 25퍼센트 정도만이 진통제를 요구하는 데 반해 비슷한 정도의 상처를 입은 일반 병원의 수술환자들은 80퍼센트가 넘는 비율로 진통제를 요구한다.[2] 왜 같은 정도의 상처인데 진통제를 요구하는 비율이 이렇게 크게 차이 날까? 답은 불안에 있는 것으로 밝혀졌다. 전투가 끝난 뒤 후송 대기 중인 병사들은 앞으로 (아마도 당분간) 전투를 치르지 않아도 될 것이다. 생사를 넘나드는 전장으로 다시 투입되리라는 근심이 없는 이들은 현재의 고통을 덜 느낀다. 즉 고통은 불안을 통해 더 강하게 경험되거나 예상되는 것이다. 사람들이 불안을 얼마나 싫어하는지 더욱 분명해진다. 그렇다면 불안은 육체적 고통만 가중시킬까? 그렇지 않다. 심리적 고통 역시 불안에 의해 가중된다. 굳이 예를 들 필요도 없다. 우리가 너무나도 자주 이야기하는 스트레스가 바로 여기에 해당하니까 말이다.

문화가 다르면 불안도 다르다

그렇다면 불안은 언제나 우리에게 나쁘기만 할까? 그렇지는 않다. 왜냐하면 앞서 언급한 바와 같이, 불안(그리고 불안이 만들어내는 부정적 정서)에서 벗어나고픈 동기를 만들어내 우리로 하여금 특정한 행동을 하게 하는 원천이 되곤 하기 때문이다. 따라서 어떤 불안을 주로 느끼며, 불안에서 벗어나기 위해 어떻게 하는가를 보면 사람의 성격과 집단의 문화를 더 잘 이해할 수 있다. 예를 들어보자. 광고업계의 상식에 따르면, 우리나라 사람들은 평균적으로 개인주의 문화가 발달한 서구문화권 사람들보다 이미지 광고를 좋아한다고 한다. 왜 그럴까? 불안에서부터 하나씩 그 이유를 살펴보자.

한국인은 세계에서 고립불안fear of isolation이 가장 높은 그룹에 속한다. 즉 조직이나 사회에서 소외되지 않으려는 욕구가 강하다는 것이다. 이런 욕구는 특정한 행동 양상으로 나타난다. 아래의 실험을 보자.

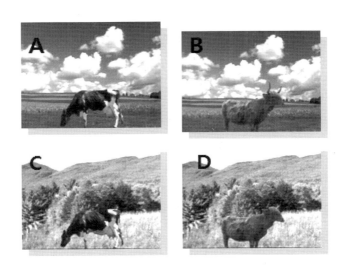

A의 젖소 사진을 보여주고 2분 뒤 배경이나 동물을 변형한 석 장의 사진(B, C, D)을 A와 함께 무작위로 제시했다. 지금 보고 있는 동물이 전에 본 동물과 같은지 알아보는 것이 실험 참가자들의 과제다. 그렇다면 A와 C에 대해서는 '예'가 정답이고, B와 D에 대해서는 '아니오'가 정답일 것이다.

결과는 매우 흥미롭다. (한국인과 같은) 동양인은 서양인에 비해 A가 제시되었을 때 더 정답을 잘 맞혔다. 즉 이전에 보았던 A와 같은 배경을 지닌 B의 배경이 동물에 대한 기억판단을 도왔던 것이다. 그런데 이러한 기억향상 효과는 서양인에게서는 관찰되지 않는다. 즉 그들은 A와 C에 대한 동물 기억 점수에 큰 차이가 없었던 것이다. 그들은 배경을 거의 신경 쓰지 않았기 때문이다.[3] 그런데 동양인이든 서양인이든 동일 문화권 내에서도 이러한 차이가 관찰된다. 어느 문화권이든 그 문화 내에서 고립불안이 높은 사람은 동양인과 같은 패턴의 결과를, 고립불안이 낮은 사람은 서양인과 같은 패턴의 결과를 보인다는 것이다.[4]

우리는 종종 한국 사람보다 더 한국 사람 같은 서양인을, 미국 사람보다 더 미국 사람 같은 한국 사람을 접한다. 마찬가지다. 이는 결국 무엇을 이야기하는 것일까? 고립불안이 높은 사람은 어느 문화권에 속해 있든 간에 고립되지 않으려는 욕구(즉 동기)로 인해 사회적 분위기나 맥락에 더 신경을 쓰게 된다. 그리고 이러한 이른바 '맥락 민감성'은 어떤 대상을 볼 때 그 대상에 자신의 인지적 자원을 모두 투자해 심리적으로 처리하는 것이 아니라, 그 대상을 둘러싸고 있

는 주변(즉 맥락)에 대해서도 일정한 시선을 두게 만드는 것
이다. 우리나라 말에 유난히 맥락과 관련된 속담이나 표현
이 많은 것도 이 때문일 것이다. 가장 흔한 예로 '분위기 파
악 못하는 녀석'은 우리나라와 같이 맥락 민감도가 강조되
는 문화권에서는 매우 부정적인 평가에 해당한다. 이렇듯
분위기나 맥락을 중시하는 양상은 결국 구구절절하게 기능
을 (글로) 설명하는 광고보다는 시각이나 상징적 이미지를
사용한 광고들에 대한 높은 선호도로 자연스럽게 연결된다.

이렇게 한 사람이나 한 문화에서 유난히 자주 발견되는
불안의 종류를 파악하면 그 사람의 행동 혹은 그 문화의 양

이미지 위주의 한국 자동차 광고(왼쪽)와 기능 위주의 미국 자동차 광고

식을 좀 더 쉽게 예측할 수 있다. 원인으로서의 불안과 최종 결과로서의 행동 사이에서, 다양한 요소가 일관성 있는 방향으로 그 불안을 해소하기 위해 개입하기 때문이다. 어떤 사람을 이해하기 위해 그 사람이 가장 불안해하는 것을 먼저 이해하려고 노력해보자. 또는 사회문제를 이해하기 위해 사실 결과에 해당하는 그 문제 자체보다 그 문제를 만들어내는 원인인 불안을 이해해보자.[5]

2.
불안의 영향

불확실성이 제거된 상황에서 불안은 오히려 일을 촉진하는 힘이 된다. 앞이 잘 보이지 않는 미래지향적인 일과 목전으로 다가온 긴급한 일을 분명히 구분할 수 있다면, 불안에 지배당하는 것이 아니라 불안을 다스리는 사람이 될 수 있다.

불안이 일을 망치는 이유

주마가편走馬加鞭이라는 고사성어가 있다. 풀어쓰면 '달리는 말에 채찍질한다'인데, '힘껏 하고 있는데도 더 하도록 몰아붙이는 격려'를 의미한다. 그런데 이 말을 좋아하는 사람들(특히 조직의 리더) 상당수가 사람은 불안하게 만들어야 일을 잘한다고 오해하는 경우가 많다. 하지만 이는 매우 위험한

발상이다. 불안은 힘을 낼 수 있는 에너지가 될 수도 있는 한편 아무것도 하지 못하게 만들 수 있는 양날의 칼이기 때문이다.

실제로 학점이나 업무 성적 등은 불안과 어느 정도 긍정적 상관이 있다. 다시 말하면, 일정 수준으로 불안해야 공부나 일도 열심히 한다는 것이다. 하긴 조금도 불안하지 않은데 어떻게 공부나 일을 할 마음이 생기겠는가. 불안은 무언가를 하게 만드는 에너지로서 작용하기도 한다. 사람은 자신의 현재 상태나 미래에 대해 어느 정도는 불만족과 두려움이 있기 때문에 노력을 하게 되는 것이다. 문제는 이 불안을 잘못 건드려 특정한 일이나 영역에 집중하게 되면 오히려 반대의 현상이 일어난다는 점이다.

이 사실을 수학 교과목을 통해 일반화한 연구가 있다. 텍사스 A&M대학의 심리학자 코니 바로소 교수 연구진은 매우 흥미롭고도 의미 있는 연구 결과를 발표한 바 있다.[6] 이들은 1992년부터 2018년까지 세계 각국에서 발표된 수학 교과에 대해 느끼는 불안과 수행수준에 관한 연구 223개를 메타분석했다. 메타분석이란 유사한 주제로 연구된 많은 기존 연구 결과를 계량적으로 종합해 통합적이고 거시적인 결론을 이끌어내는 방법을 의미하는데, 그 결과 매우 중요한 사실들이 확인되었다.

일단 상식적인 결과부터 알아보자. 수학에 대한 불안이 높을수록 수학과 관련된 다양한 시험의 성적은 떨어지는 것으로 나타났다. 그런데 이렇게 당연해 보이는 결과의 이면에서 의외의 사실이 확인되었다. 수학에 대한 걱정은 수학에 대한 감수성emotionality을 떨어뜨렸다. 감수성이 떨어지면 불안을 해결하려고 더 노력하는 것이 아니라 불안을 회피하고자 했다.[7] 이런 현상은 모든 국가, 인종, 성별을 막론하고 공통적으로 나타났으며, 대입시험과 같이 중요한 시험이나 쪽지시험 같은 간단한 테스트 등 종류를 가리지 않고 나타났다.[8] 또 다른 중요한 점은, 평가나 학습에 대한 일반적인 불안과 수학 수행 점수 사이의 상관은 매우 약한 것으로 나타났다는 것이다.[9] 즉 시험과 평가 자체가 공부와 일을 못하게 만드는 것은 아니라는 뜻이다.

위 내용을 요약하면 다음과 같은 결론이 나온다. 시험과 평가는 매우 중요하다. 이것 자체를 없애면 강한 성취 의욕을 가지고 있는 사람의 경우, 동기가 사라질 위험이 크다. 동기가 약한 사람에게는 최소한의 것을 하게 만드는 안전

장치가 사라지는 셈이다. 주목해야 할 것은 시험과 평가에 대한 피드백이다. 상대에게 이전보다 훨씬 더 격려와 칭찬에 후한 피드백을 하고, 때에 따라 주도적으로 해내고 있음을 상기시켜줄 필요가 있다. 이를테면 '넌 이 일을 잘할 수 있고, 지금 이러이러한 것을 해내고 있다'면서 성취를 격려함과 동시에 '지켜보고 평가할 것'이라는 불안의 긍정적 자극을 함께 전달하는 것이다. 그렇게 해야만 진정한 또 올바른 주마가편이 된다.[10]

불안하면 누구를 믿어야 할지 판단하기 어렵다

믿어야 할 사람과 믿지 말아야 할 사람. 우리 인생에서 이것만큼 중요한 기준이 또 있을까? 배신하지 않을 사람은 가까이 해야 한다. 하지만 나를 이용하려는 사람은 당연히 멀리해야 한다. 그렇다면 어떻게 알아볼 수 있을까? 일단 처음 몇 번은 믿어봐야 한다. 이후 상대방이 어떻게 하는지 지켜보고 나서 최종 판단을 내린다. 말이 쉽지 참 어려운 일이다. 그런데 최근 누구를 믿어야 할지 판별하기 어려운 이유 중 중요한 것이 밝혀졌다. 바로 불안이다. 그리고 이를 잘 보여주는 연구가 미국 브라운대학의 심리학자 오리엘 펠

드만홀 교수 연구진에 의해 밝혀졌다.[11] 결론부터 말해보자. 불안하면 누구를 믿어야 할지를 제대로 파악하는 것이 점점 더 어려워진다. 왜 그럴까?

이 연구에서 참가자는 각기 다른 세 상대방과 함께 '신뢰 게임trust game'이라는 일종의 투자 게임을 한다.[12] 상대방은 모두 익명이며 인터넷에 연결된 컴퓨터로만 참가자와 의사소통한다. 물론 이 상대방은 실존하지 않는 가짜다. 사전에 정해진 방식대로 참가자에게 결과를 알려줄 뿐이다. 게임의 방식은 이렇다. 참가자는 처음에 1달러로 총 84회에 걸쳐 상대방과 투자 게임을 한다. 각 시행마다 참가자는 자신이 원하는 만큼을 상대방에게 줄 수 있고, 상대방은 그 금액의 네 배를 받는다. 예를 들어 참가자가 상대방에게 1달러를 주면, 상대방은 그 네 배인 4달러의 수익이 생기는 셈이다. 그리고 상대방은 수익을 자기 마음대로 참가자에게 나눠줄 수 있다. 그리고 그 배분 방식에 따라 상대방의 종류가 셋으로 나뉜다.

첫 번째 유형은 처음에는 절반을 나눠주고 이후 점차 배분율을 줄이다가 중반 이후 다시 배분율을 늘린다. 두 번째 유형은 절반에 못 미치는 금액을 나눠준 뒤 점차 배분율을 줄이고 중반 이후 다시금 늘린다. 세 번째 유형은 처음에는 적게 나눠주고 점차 배분율을 늘려가다가 중반 이후에 다시금 줄인다. 참가자들은 각 시행마다 이 세 유형 중 하나와 계속 만나게 된다. 그러니 각 유형을 만나는 횟수는 28회이며 총 84회에 걸쳐 게임을 한다. 만약 상대방이 수익의 최소 4분의 1을 나에게 줄 거라고 생각한다면 나도 상대방에게 최대한 많은 금액을 주는 것이 이익일 것이다. 하지만 상대방이 4분의 1 미만으로 줄 거라고 판단한다면 나도 절대 주지 말아야 할 것이다.

게임 설정에서 또 한 가지 중요한 점은, 참가자들이 상대방을 사람이라고 생각할 때와 슬롯머신이라고 생각할 때로 조건이 다시 나뉜다는 점이다. 그렇다면 최종 결과는 어떻게 나왔을까? 첫째, 상대방을 사람이라고 생각했을 때보다 슬롯머신으로 생각했을 때 회당 평균적으로 5센트 더 상대방에게 투자하는 것으로 나타났다. 즉 참가자들은 상대방이 같은 패턴으로 행동해도 사람보다 기계라고 생각했을 때 더 신뢰한다. 둘째, 일종의 첫인상도 중요했다. 사람들은 처음에 많이 주는 유형인 첫 번째 스타일에 더 많은 돈을 투자했다. 게다가 이런 경향은 상대방을 사람이라고 생각할 때 더 강하게 나타났다. 셋째, 상대방을 슬롯머신이라고 생각할 경우, 불안한 사람들의 양상은 불안하지 않은 사람들의 양상과 크게 다르지 않았다. 하지만 상대방이 사람이라고 생각하는 경우, 불안한 사람들은 필요 이상의 금액을 상대방에게 투자하는 경향을 보였다. 즉 상대방을 필요 이상으로 믿은 것이다.

이 연구 결과처럼 불안한 사람들은 궁극적으로 자신에게 적게 주는 이기적인 상대방에게 필요 이상의 금액을 투자할 확률이 높다. 신뢰 판단에 문제가 생기기 때문이다. 그러니 일단 불안을 제거해놓고 누구를 믿어야 할지 생각해봐야 한다. 혹은 불안을 잠시 다독일 수 있는 상황을 만들어놓고 누구를 믿어야 할지를 생각해봐야 한다.[13]

슬픔과 불안은 다르다

우리는 살아가면서 참으로 많은 어려움을 만나고, 그때마다 다양한 감정을 느낀다. 슬픔, 불안, 더 나아가 분노와 공포까지. 작은 두드러기나 상처에 잘못된 약을 처방하면 훨씬 더 큰 병으로 악화되는 것처럼 사람의 부정적 정서 상태도 제대로 된 조치를 취하지 않으면 훨씬 더 큰 상처가 된다. 심지어는 어찌해볼 수 없을 정도의 지경에 이른다. 당연히 사람이 모인 사회와 조직도 예외가 아니다. 문제의 시작은 대부분 슬픔과 불안이다. 이 둘만 우리가 제대로 구분해 적절하게 대응해도 큰 사고를 막을 수 있다.

슬픔은 무엇인가? 욕구의 억압에 따른 괴롭고 답답한 감정이다. 그렇다면 불안은? 걱정스러운 마음으로 인해 안정되지 않고 뒤숭숭한 상태다. 즉 슬픔은 소중한 것을 잃거나 가지지 못하게 됨으로써 겪는 감정이고, 불안은 좋지 않은 것을 피하지 못함으로써 경험하는 불편한 상태인 것이다. 그리고 사람들이 슬프거나 불안할 때 잘못된 조치를 취하면, 그 '결과'로서 분노와 공포가 만연하게 된다. 아주 극단적인 비극이나 참사가 아닌 한 분노와 공포는 슬픔과 불안에 적절하게 대응하지 못해서 '만들어지는' 인재다. 따라서 내가 속한 단체나 조직이 어떤 상태인지에 따라 내가 나 자신과 타인에게 무엇을 (더 중요하게는 왜) 해야 하는지가 달라져야 한다. 이때 중요한 단서가 바로 나와 그들의 '거리'다.

슬픔에 빠져 있는 조직 구성원에게 높은 위치에 있는 리더는 아무래도 거리감이 느껴진다. 자주 보는 사이가 아니니 말이다. 이렇게 거리감이 있는 사람은 구체적인 일이 아니라 추상적인 공감에 적합하다. 따라서 가장 먼저 해야 할 것은 '같이 그리고 충분히' 슬퍼하는 일이다. 부모님을 잃은 상주가 오랫동안 보지 못한 친구의 문상에 몹시 고마워하는 것도 그런 이유에서다. 하지만 아무리 멀리서 온 사람이라도 상주를 샅샅이 훑어보며 '어디 불편한 데는 없는지' 지나치게 챙긴다거나, 심지어 상주의 차림새나 빈소 상태를 시시콜콜 점검하는 모습을 보인다면? 상주는 기가 막힐 노릇이다. 더 나아가 '당신이 그토록 나의 마음과 나의 상태를 잘 아는가?' 하며 화가 나기 시작한다.

무엇이 필요한지를 대놓고 묻는 것도 좋지 않다. 멀리서 온 손님이 꼼꼼하고 세세하게 따지는 것을 달가워할 상주는 없을 것이다. 그런데도 우리는 가끔 빈소에서 이런 눈치 없는 '먼 거리 손님' 때문에 슬픔의 당사자가 느끼는 '화'를 목격한다. 경우에 따라 분노까지도 말이다. 화와 분노는 언제 느끼는가? 세상과 사람들이 내가 옳다고 생각하는 방향으로 가고 있지 않을 때 느낀다. 그래서 충분히 슬퍼하지 않으면서 세부적인 사항을 챙긴다고 나서는 사람들에게 우리는 화가 난다.

하지만 불안은 그 반대다. 불안한 사람은 좋지 않은 무언가를 피하지 못하는 사람들이다. 그리고 그 '무언가'는 대부분 구체적이다. 따라서 이들에게는 꼼꼼하게 챙겨줄 사람이 필요하다. 그야말로 '무엇이 필요한 상황'인 것이다. 하지만 그런 사람에게 내가 먼 데서 온 손님이라면? 역시 구체적인 일은 맡지 않는 것이 좋다. 그런 일은 불안한 사람 곁에 있는 사람들이 잘할 수 있다. 따라서 그 사람과 상대적으로 가까운 위치에 있는 사람들이 꼼꼼하게 곁에서 돌봐줄 수 있도록 배려하고 지원해줘야 한다. 너무 나서지 말란 얘기다.

요컨대 슬픔에 잠긴 이들과 같이 슬퍼해주지는 않으면서 구체적인 사항만 챙기려 할 때 사람들은 그 엉뚱함에 분노한다. 그래서 누군가 소중한 것을 잃었거나 소망하는 것을 갖지 못하는 절망에 이르면, 그 원인이 되는 슬픔에 더 집중해야 한다. 국가에서든 사회에서든 어른이고 리더라면 더더욱 그럴 의무가 크다.

3.
불안한 시대, 마음 간수법

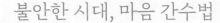

돈은 불안 완화제

심리학자이다 보니 사람들에게서 많은 질문을 받는다. 그 중 가장 빈번한 것이 '행복'에 관한 질문이다. "어떻게 하면 행복해질 수 있을까요?" 이때 역으로 이런 반문을 하면 대개는 말문이 막힌다는 반응이다. "어떨 때 가장 행복하세요?" 많은 사람이 행복은 인생의 궁극적인 목적이라고 생각하지만, 정작 자신이 언제 어떤 상황에 가장 행복한지는 알지 못한다. 그 결과는? 대부분 돈에 대한 집착으로 이어진다. 행복해지는 방법은 모르지만 돈으로 행복을 살 수 있다는 무의식적 믿음에서 그저 '돈, 돈' 하면서 살아간다는 것이다. 정말 돈이 있으면 행복해질까? 돈으로 행복을 살 수 있을까?

심리학자들의 대답은 '결코 아니다'다. 심리학자들이 한결같이 말하길, 돈으로 살 수 있는 행복의 양은 매우 제한적이다. 노벨 경제학상을 받은 심리학자 대니얼 카너먼을 비롯해 많은 연구자의 조사에 따르면, 행복의 양은 연소득 7만 5,000달러(2023년 5월 기준 한화 약 9,980만 원)가 정점이다. 다시 말해 연소득이 2,000만 원일 때보다는 4,000만 원일 때 좀 더 행복하지만 1억 원이 넘어서면 행복과 소득이 거의 상관없게 된다는 것이다.[14]

이 점은 우리에게 돈과 행복의 의미에 대해 몇 가지 중요한 생각을 해볼 기회를 준다. 8,000만 원 이하일 때는 왜 돈과 행복의 상관관계가 존재할까? 상식적으로 연소득이 2,000만 원에 불과하면 이른바 피해야 할 것들을 제대로 피하지 못하는 상황이 벌어질 가능성이 높다. 기본적인 생활을 유지하기 위해 필요한 의식주가 제대로 갖추어지지 않아서 벌어지는 불행의 가능성이 커지기 때문이다. 그리고 이런 불행의 가능성은 8,000만 원을 넘어서면 대부분 사라진다. 따라서 8,000만 원까지의 돈과 행복의 상관관계는, 돈이 만들어내는 행복이 아니라 돈이 부족해서 발생하는 불행과 이에 따른 불안의 감소로 보아야 한다. 즉 돈은 행복 촉진제라기보다는 불행 예방제이거나 불안 완화제의 역할이 더 크다.

물론 몇몇 사람이나 컨설팅 회사는 여전히 '돈으로 행복을 살 수 있다'고 철석같이 믿는 것 같다. 금전적으로 부자일수록 더 행복하다고 말하는 통계도 있다. 물론 돈을 지혜롭게 잘 쓰면 행복을 얻을 수 있다. 하지만 여전히 돈 자체가 행복의 원인은 아니다. 그럼에도 저런 착각을 고집하는 것은 돈과 행복의 상관관계를 인과관계로 혼동한 데서 비롯한다.

A와 B라는 두 변인이 상관되어 있다는 사실이 A(혹은 B)가 B(혹은 A)의 원인이라는 것을 의미하진 않는다. 앞서 언급했듯 키스 횟수와 임신 빈도에는 분명한 상관이 있다. 하지만 키스는 임신의 원인이 아니다. 즐겁고 행복한 사람이 더 많은 돈을 벌 수도 있고, 지혜로운 사람이 돈과 행복을 모두 성취할 수도 있다. 한마디로 우리가 모르는 다른 요인이 있다는 것이며, 돈과 행복은 그저 눈에 잘 띄는 결과일 가능성이 크다.

불안은 사실을 요구하고, 분노는 진실을 요구한다

사람은 누구나 인간관계에 관해 끊임없이 고민한다. 곁에 있는 지인과 대화할 때 무엇을 어느 정도까지 말해도 되는 걸까? '어떻게 하면 행복해지는가?'와 함께 많이 받는 질문이 바로 이 문제에 관한 것이다. 내 대답은 언제나 한결같다. "그분이 불안해하면 최대한 구체적인 사실을 충실히 알려주세요. 하지만 화를 내고 있다면 짧더라도 가장 깊은 진실을 말씀하셔야 합니다." 실제로 여러 심리학 연구를 종합해보면 이 결론에 도달할 수밖에 없다. '불안은 사실을 알려달라는 감정이고, 분노는 진실을 말하라는 감정이다.' 많은 내용을 함축적으로 담고 있어 다소 모호하게 들릴지 모르겠지만, 매우 중요한 말이다.

먼저 사실과 진실을 구별해보자. 무엇이 다른가? 사실事實은 '실제로 있었던 일이나 현재 있는 일'이다. '이 작품은 특정 사실과 관련 없다'거나 '어제 있었던 일을 사실대로 말했다' 같은 표현이 그 용례다. 진실은 다르다. 진실眞實은 '거짓이 없는 사실'을 의미한다. 그래서 진실은 '감추다' 혹은 '밝히다'와 같이 '드러냄'을 의미하는 동사와 결부해 주로 사용한다.

그래서 '사실에 충실하다'라는 표현은 지금 일어나고 있는 일을 최대한 '자세히' 알 수 있을 때 쓴다. 일반적으로 '정보'가 이 범주에 들어가며, 따라서 양적인 측면이 강하다. 반면 '진실을 밝히다'라는 표현은 지금 일어나는 다양한 사실의 근본적인 이유를 알아가는 과정을 가리킬 때 쓴다. 그래서 주로 '원인'이라는 단어와 함께 표현되며, 근본을 따지는 일이므로 당연히 양보다는 질적 판단에 가깝고, 상대적으로 간결하다. 그런데 이 '정보'와 '원인', 즉 '사실'과 '진실'은 '불안'과 '분노'가 각각 추구하는 바라는 점이 중요하다.

사람들이 불안을 느낄 때는 언제인가? 불확실한 상황이다. 사형 집행 날짜를 모르는 사형수는 극도로 불안해한다. 사형 날짜를 알면 두려워하거나 언젠가 끝날 자신의 삶을 슬퍼한다. 귀신이 나오는 때에 맞춰 카운트다운하는 공포영화를 보면서 무서워하는 사람은 없을 것이다. 언제 귀신이 나올지 예측 가능하면 불안하지 않기 때문이다. 즉 불안은 예측 불가능성 때문에 증폭되는 것이며, 따라서 나쁜 결과라도 일정 수준 이상 예측이 가능해지면 불안이 상당히 완화된다. 닥친 상황을 인정하고 나서 무언가 대비하거나 조심할 수 있기 때문이다. 그래서 불안한 상황에 닥치면 사람들은 어쭙잖은 위로나 격려보다 정확한 사실을 요구한다.

분노는 이와 완전히 다르다. 사람들에게 알려진 사실 배후에 진짜 원인이 은폐되었다고 생각하면 그들은 분노한다. 가까운 현대사를 돌아봐도 숱한 사례를 찾을 수 있다. 분노하는 사람들에게 단편적인 사실과 정보를 아무리 많이 제시한들 돌아오는 답변은 이럴 것이다. '그런 거 필요 없고, 진짜 이유를 말하시오!'

코로나19로 불안이 엄습하고 있을 당시 우리나라 시스템은 최대한 현재의 사실 정보를 제공했으며, 그 덕분에 시민들은 지혜롭게 자신의 에너지와 집단의 에너지를 적재적소에 사용할 수 있었다. 코로나19 이전으로 돌아가면? 급한 불을 껐으니 사람들은 코로나19 발생에 관한 진실에 목말라할 것이다. 이 순서를 거꾸로 하면 어떻게 되겠는가? 사실적 정보가 필요할 때 섣부른 진실 캐기로 엉뚱한 곳에 분노의 화살을 돌릴 수 있을 것이다. 당연히 그 집단과 사회의 에너지는 불필요하게 소모될 것이고 긴급한 사안에 대한 대처 능력은 약화된다. 반대로, 진실을 알아야 할 때 여전히 '잘 넘어갔으니 그만'이라는 자세로 일관하면 같은 일이 반복될 것이며 근본적인 개선은 요원해진다. 지혜로운 사람이라면 자신과 타인이 불안해할 때는 사실에 충실할 줄 아는 정확함을, 분노할 때는 진실에 직면할 줄 아는 용기와 동력을 각각 발휘해야 한다. 순서가 바뀌면 결과가 좋지 않을 것이다.

시대적 불안에 대처하기

코로나 팬데믹, 경제지표 폭락 같은 현상이 야기하는 불안은 시대적 불안이다. 개개인이 겪는 불안과는 달리 동시대를 사는 모든 사람에게 영향을 미치는 사회적 문제인 셈이다. 그런데 '불안'이라는 결과에만 집중하다 보면 오히려 불안의 원인과 과정, 해결책이 보이지 않는다. 불안에도 종류가 있고, 그것을 구분하기만 해도 훨씬 뚜렷한 대처 방법이 보이게 된다. 원래 인간은 불안할 때 자기 내면을 더 생생하게 드러내기 마련이라서, 오늘날처럼 세상이 불안하면 역설적으로 인간에 대해 배울 것이 많아진다. 평소 잘 보이지 않던 인간의 민낯을 볼 수 있는 것이다.

결론부터 말하자면, 전혀 다른 두 종류의 불안이 사람들에게 정반대 행동을 하게 만들고 있다. 많은 의사가 지적하길, 코로나 감염에 따른 불안이 만연한 환경에서 서로 반대되는 형태로 과장된 행동을 취하는 사람이 상당하다고 한다.[15] 이 두 행동은 겉으로 보기에는 전혀 다르게 나타나지만 결국 불안이 원인이라는 점에서는 뿌리가 같다고 할 수 있다.

깊은 비관 뒤에 숨어 있는 불안

첫 번째 형태는 올바르게 대처하면서도 지나치게 불안한 경우다. 사실 불안 자체는 인간이 가진 당연한 측면이다. 다만 할 수 있는 만큼 하면서도 불안이 너무 강해 나머지 일상에 집중하지 못하는 것이 문제다. 더 심각한 경우는 과장되고 잘못된 정보에 몰입하거나 심지어 탐닉하는 것이다. 여럿이 모여 진위 여부가 불확실한 비관적인 뉴스를 끊임없이 공유하는 온라인 대화방을 떠올려보자. 이런 행동이 계속되면 마치 세상이 곧 망할 거라는 느낌이 든다. 급기야 그런 이야기를 주위에 계속 전달하는 과정에서 자기 스스로 점차 외톨이가 되고 마는 사례도 흔하다.

이를 두고 심리학자들은 자신의 본질적 불안과 세상을 둘러싸고 있는 불안이 만나 강하게 '점화'되었다고 표현한다.

이 유형의 사람은 기질적으로나 후천적으로 비관적인 정서를 강하게 띤다. 세상이 안 좋은 방향으로 흘러갈 것이라고 생각하는 성향이 의식 및 무의식적으로 지나치게 강하게 자리 잡게 된 것이다. 물론 이 유형이라도 자신이 사회적으로 지위가 상승하거나 일정 수준의 성취를 이루고 있는 기간에는 자신의 강한 비관성을 스스로 알아차리지 못하는 경우가 많다. 그러다가 미래가 불투명해지거나 일정 수준 이상의 위기에 처해 있고, 더 나아가 자신이 하락세에 접어들었다고 느끼게 되면, 비로소 내면에 웅크리고 있던 강한 비관이 고개를 들기 시작한다. 게다가 이런 개인적 고민과 불안이 코로나 펜데믹과 같은 시대적 불안을 만나면 '이제 끝이 왔다'는 식의 생각에 깊게 몰입하는 경향으로 이어지게 된다.

또한 이 유형의 사람들이 조직에 미묘하게 부정적 영향을 미치는 경우도 종종 관찰된다. 대표적으로 무기력을 전염시킨다. '해봐야 안 된다'는 생각 말이다. 자신의 하락세를 세상이나 조직의 하락세로 연결하려는 사람이 의외로 많다. 퇴직을 앞둔 경험 많은 대선배가 사람 좋은 얼굴을 한 채 앞날이 창창한 후배들에게 틈날 때마다 "노력해봐야 별수 없어. 우리 조직의 미래는 뻔해"라고 말하고 다닌다면? 이런 사람들은 실행 방안이 전혀 없는 말을 대안이랍시고 내놓는 경우도 잦다. 당연히 사회와 조직에 도움이 되지 않는 행동들이다.

불안으로 비관적인 성향이 자리 잡은 이런 유형의 사람에게 적합한 해결책은 무엇일까? 우선 이들에겐 미완의 업무를 맡기는 것이 좋다. 그냥 방치해두었다가 마무리하지 못한 일이나 작고 구체적인 일은 불안할 때 오히려 더 잘된다. 평소보다 일을 더 잘게 쪼개서 계획하는 것도 도움이 된다. 그렇게 하면 구체적이고 확실한 것이 눈에 더 잘 들어오기 때문이다. 불확실하고 모호한 상황이 불안을 키운다는 것은 널리 알려진 사실이다.

또 다른 중요한 해결책은 평소보다 기대 수준을 낮추는 것이다. 지나치게 높은 기준은 지금 하는 일을 오히려 모호하고 불확실하게 만들기 십상이다. 자기가 일할 때나 남에게 일을 맡길 때, 기준을 살짝 낮춰보자. 긍정적인 반응을 이끌어낼 수 있을 것이다. 이때 느끼는 작은 성취감이 상당한 회복제 곧 용기가 된다.

무책임한 낙관 뒤에 숨은 불안

정반대 성향의 불안도 존재한다. 이런 사람도 주위에 꽤 많다. 이를테면 방역 지침을 오히려 무시하고 따르지 않는 사람들 말이다. 코로나 팬데믹 한가운데를 지나고 있을 때, 이런 유형의 사람은 사회적 골칫덩어리를 넘어 커다란 위험 요인이 되기도 했다. 단순히 겁이 없어서일 수도 있겠지만, 이들 중 일부는 확인되지 않은 근거를 바탕으로 코로나가 별것 아니라는 낙관론을 퍼뜨리고 다녔다. 굳이 언론에 등장하는 일탈자들만이 문제가 아니다. 조직이나 단체에서도 남에게 불편이나 불안을 줄 정도의 행동을 하는 사람을 우리는 일상적으로 만난다. 이런 사람들은 정말 겁이 없고 용감한 사람들일까? 대부분은 그렇지 않다. 이들도 불안을 느낀다. 물론 불안의 종류가 살짝 다르긴 하지만 말이다.

이 불안의 기저에는 자기 일상의 변화에 대한 굉장히 큰 두려움이 자리 잡고 있다. 그래서 코로나 팬데믹 상황에서도 감염의 위험이 자기만큼은 비켜 가리라는 그릇된 자신감이 충천하거나 말도 안 되는 방법으로 코로나를 이겨낼 수 있다는 허황된 믿음에 쉽게 빠진다. 그럼 어떤 사람들이 이런 불안을 크게 느낄까? 그 변화가 자기에게 가져올 피해나 상실이 큰 사람들일 것이다. 이른바 '잃을 것이 많은 사람' 말이다. 그중에서도 직전에 큰 성공이나 성취를 거둔 사람들이 이런 경향을 보이는 경우가 많은 것은 어찌 보면 당연한 결과다. 그 성공이 변하면 안 되니 말이다. 하지만 변화 자체를 체질적으로 싫어하면서 입으로만 변화나 개혁을 외쳤던 사람들 역시 이때 진짜 속내를 드러내는 경우도 많다. 이런 방향으로 과장된 모습을 보여주는 사람들은 정작 변화가 필요한 시점에 대범하고 용감한 얼굴로 변화를 폄훼하거나 변화는 불필요하다는 메시지를 강하게 내놓을 가능성이 크다.

이런 유형은 어떻게 해야 할까? 당연히 잃을 것에 초점을 맞추기보다 바꿔야 할 것에 초점을 맞춰야 한다. 문제는 그 방법이 무엇이냐는 것이다. 한 가지 요긴한 생각법이 있다. 사람은 단기적인 목표를 추구할 때 변화보다는 기존의 방법을 고집하고, 장기적인 목표에 도전할 때 변화를 추구한다는 것이 대부분 심리학 연구의 결과다. 즉 내가 변화를 거부하는 위와 같은 모습을 보일 때마다 보다 장기적인 계획이나 목표를 설정해 보는 것이 그 무엇보다도 중요하다. 그 과정에서 변화는 당연히 요구된다는 생각이 자연스럽게 자리 잡게 되며, 기존 생활 방식을 고수하는 허세를 스스로 줄일 수 있다.

탐닉적 비관과 무책임한 허세. 이 둘 중 어느 것이라도 강하게 보이는 사람은 자신의 기저에 숨은 만성적 불안을 드러내고 있는 셈이다. 팬데믹의 여파나 경제적 위기 상황처럼 불안이 우리를 잠식하는 시기에 그런 사람이 유독 눈에 띈다. 그런 시기일수록 나 자신을 돌아보는 것이 중요하다. 혹시 위 두 형태 가운데 어느 하나의 모습이 나에게서 보이는가를 점검해보는 것이다. 이를 통해 나의 내면 깊은 곳에 숨어 있는 불안을 직시할 수 있다. 우리 인간은 자기의 민낯이 드러날 때, 이를 외면하지 않고 겸허히 수용하고 인정하면서 고쳐보려는 노력을 할 때야 비로소 발전할 수 있으니 말이다. 현재의 이 불안은 여러모로 우리 자신을 되돌아보고 성장할 수 있는 기회이기도 하다는 사실을 명심할 필요가 있다.

심리학과 사회

1.
이타성과 지적 겸손

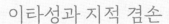

고립을 이겨내는 이타성의 힘

코로나 팬데믹 한가운데를 지나오면서 사회와 단절된 사람들은 고립감을 느끼며 불안해했다. 심리학은 그 마음을 위로하고 평온을 회복하기 위해 실제로 필요한 조언을 하고자 노력하고 있다. 최근 주목받는 심리학자 가운데 암스테르담 자유대학 폰 반 랭 교수의 이야기를 들어보자.[1]

반 랭 교수는 타인의 관용 즉 이타적 행동을 관찰하는 것이 인간에게 미치는 영향을 심도 있게 연구해온 인물로 유명하다. 그에 따르면 불안과 위기의식이 팽배한 사회일수록 다른 사람의 이타적 행동을 보는 것, 그리고 그 행동을 언론에서 널리 알리는 것이 무척 중요하다. 타인의 이타성에서 사회적 협동을 여전히 유지할 수 있는 정신적 에너지를 얻게 되기 때문이다. 무질서, 사회적 차별 혹은 공격 같은 반사회적 언행은 문제 상황을 해결하는 데 치명적인 걸림돌이다. 사실 물리적 폭력이나 언어적 공격의 전염이 코로나 바이러스 감염 위험보다 사회 구성원을 더 힘들게 한다. 이럴 때 타인의 이타성은 우리 안의 반사회성을 억누르는 심리적 자제력을 작동시키는 것이다.

반 랭 교수를 비롯한 거시적 사회심리학자들의 조언에 덧붙여야 할 것이 있다. 인간 행동의 작동 방식을 미시적으로 연구하는 인지심리학에서는 타인의 이타적인 행동을 관찰하는 사람이 얻는 또 다른 중요한 효능감을 발견했기 때문이다. 바로 '무분별한 경계와 차별'에서 '매우 정확하고 기능적인 조심과 주의'로의 전환이다.

불안한 사회에서는 타인을 경계하고 접촉을 꺼리게 되는데, 매우 소모적이고 쉽게 지치게 만든다. 게다가 내가 그렇게 행동함으로써 그들에게서 내가 배척당하는 결과가 일어날 테니, 모두가 피해자가 되는 셈이다. 그런데 타인의 이타성을 확인하면 사고가 정교해지고 '스마트'해진다. 이런 효과는 어떻게 발생하는 걸까? 재난이나 질병이 초래한 매우 불안한 상황에서 타인의 선행을 목격하면, 고통을 불러일으키는 사안에 대한 인식이 강해진다. 동시에 사회적 협동과 공존의 중요성도 함께 인식한다. 이를 두고 최근 연구자들은 '내부감각수용 주의interoceptive attention'가 상승함과 동시에 중요한 정보와 행동이 무엇인지 구분하는 능력이 높아지는 결합적 상태로 설명한다. 내부감각수용 능력이 떨어지면 자신의 신체 내부에서 보내는 신호(심박동수나 체온 등)를 과대 해석해 작은 일에도 쉽게 흥분하거나 공격적으로 변하기 쉽다.[2] 하지만 타인의 이타적인 행동을 보게 되면 현상을 논리적으로 판단하면서 동시에 자신의 불안과 관련된 내부감각수용 능력을 정확하게 다스릴 수 있는 것이다.

따라서 조심할 일은 조심하면서도 평소대로 해야 할 일에는 집중력을 유지할 수 있게끔 여건을 조성하는 최고의 방법은, 우리 주위에서 행해지는 다양한 이타적인 행동을 놓치지 않고 모두가 공유하는 것이다. 이타성의 발현을 널리 알리면 오히려 사람들이 나쁜 일에 대한 경각심을 잃을 것이라는 우려는 하지 않아도 좋다. 사람은 그렇게 어수룩하지 않다. 인간은 생각보다 훨씬 정교하고 미묘한 생각 장치를 가지고 있다. 이것이 심리학자들의 결론이다.

포스트 코로나, 자율성을 키우는 기회

코로나 팬데믹 이후 많은 변화가 일어났다. 새로운 삶의 방식으로 자리매김한 '비대면·언택트'가 대표적이다. 직장이나 학교뿐 아니라 병원에서도 그간 지지부진했던 원격 의료 논의가 재점화되고 있다. 일부 과학자들이 코로나 같은 감염성 바이러스가 이후에도 반복적으로 등장할 것이라고 예측하고 있으니, 새로운 변화를 수용하고 이에 적응하는 자세는 더욱 중요하다.

재택근무나 비대면 수업 같은 '비대면·언택트' 상황에서 취할 수 있는 장점은 무엇일까? 바로 자율성이다. 자율적 조직은 21세기 모든 조직의 지향점이기도 하다. 자율적 조직은 왜 중요할까? 평상시보다 위기에 더 힘을 발휘하기 때문이다. 자율적 조직에는 강한 적응력과 탄력성이 있다. 현대 사회는 점점 더 예측하기 어려운 돌발변수들이 발생하고 있지 않은가.

자율적 조직은 평소 다소 느슨해 보인다. 하지만 의외의 변수를 만났을 때, 조직을 이끄는 사람들은 전혀 생각지 못한 협동을 능동적으로 만들어내는 힘을 지니고 있다. 2차 세계대전 당시의 미군이 이를 여실히 증명하는 사례다. 군기가 매우 강한 일본군과 독일군은 직속상관의 명령에 절대복종하며 일사불란했다. 지휘관 입장에서 흡족한 군대이지만, 커다란 함정이 도사리고 있었다. 상관만 쳐다보는 사병들 사이에 대화가 부족했던 것이다. 옆 부대의 사병은 고사하고 옆에서 다른 일을 하는 동료와도 소통이 없었다. 거시적으로는 병과와 병종 간 협동이 좀처럼 이루어지지 않았고, 보병이 하는 일을 기갑부대가 신경 쓰지 않는 일이 비일비재했다. 심지어 미드웨이 해전에서 일본 해군이 완패한 사실을 일본 육군은 몇 달이 지난 뒤에야 알았다고 하니, 일사불란하지만 경직된 문화의 폐해를 여실히 드러낸 것이다.

반면 일본군이나 독일군에게서 '보이스카우트'라는 비아냥을 받던 '군기 빠진' 미군은 달랐다. 상륙 작전 중 해병대나 보병이 적탄에 쓰러지면 의무병도 아닌 공병들이 나서서 부상병을 구출했다. 공병이 공격받으면 보병들이 가교나 부교를 가설하는 일에 발 벗고 나섰다. 지휘관이 전사하면 다른 부대 상급자의 지휘를 받는 데 거리낌이 없었다. 자기 직속 지휘관만 쳐다보고 그 명령을 철저히 수행하는 수직적 경직성이 덜했기에 유사시 다른 부대와도 협력할 수 있었다. 돌발 상황이 발생했을 때 미군이 훨씬 강한 대응력을 보인 이유다.

이 사례를 '비대면·언택트'와 연결해보면 흥미로운 발상 전환이 가능해진다. 지시를 내리는 상급자나 선배와 물리적으로 떨어지면, 이전에는 불편했던 다른 조직이나 팀과의 소통 및 협조가 훨씬 자유로워질 수 있다. 이렇게 기존의 위계가 느슨해진 상황에서 인지적 유연성cognitive flexibility이 향상된다. 인지적 유연성이란 기존에 해보지 않았던 방식으로 일을 처리하는 자발적 전환성을 뜻한다. 인지적 유연성이 떨어지는 조직과 구성원은 관행에 매여 있기에 약간의 변화에도 강하게 저항하거나 자포자기하는 경향이 높다. '비대면·언택트' 시대에는 과감한 연결성이 가능하다. 그 결과 자율적 개인과 조직으로 변화할 수 있다. 내 경우도 예외가 아니다. 이미 여러 차례 온라인 강의나 회의에 해외 교수들을 초대해 교류하면서, 이전에는 전혀 생각지 못한 연구 주제를 지속적으로 구상하고 있다. 아시아 동쪽 끝에 위치한 한국의 학자가 안방에서 할 수 있는 일이라고 예상하기 힘든 일이 벌어지고 있는 것이다.

지적 겸손이 더 중요하다

자율성 못지않게 중요한 또 다른 요인이 하나 더 있다. 자율성 뒤에 숨어 잘 보이지 않지만 미래 사회를 혼란으로 빠뜨릴 위험을 막아내기 위해 그 무엇보다 중요하다. 다른 사람의 생각이 맞을 수도 있으며, 내가 아무리 뛰어나도 모든 것을 다 알고 있는 것은 아니라는 자세다. 이를 심리학자들은 '지적 겸손IH, intellectual humility'이라고 한다. 지적 겸손은 자율적이고 다양성이 존중받는 사회에서 우리를 좌초하지 않게 만드는 가장 중요한 덕목이다. 왜 겸손이라는 미덕이 지적인 측면과 결부되어야 할까?

미국 페퍼다인대학의 엘리자베스 크럼레이 멘쿠소 교수 연구진은 이 분야의 전문가들로, 사람들의 지적 겸손도를 측정한 바 있다.[3] 예를 들어, 다른 사람들에 비해 나의 생각이 우월하다거나, 나는 알아야 할 것들을 모두 알고 있다거나, 혹은 다른 사람들에게서 배울 것이 별로 없다는 식의 생각은 지적 겸손도가 매우 낮은 사람들에게서 발견된다. 그런데 이런 사람들은 개인이든 집단으로 모여 있든 예상외의 변수에 취약하다. 왜 그럴까?

'사회적 자경주의social vigilantism'라는 개념이 있다. 자경주의란 '자신의 생명과 재산을 스스로 지키고 보호하고자 하는 태도나 입장'을 말한다. 얼핏 보면 좋은 뜻 같다. 하지만 이러한 자경주의는 법적 근거 없는 수사와 처벌 같은 불법 행위로 연결되기 매우 쉽다는 허점을 지닌다. 최근 '디지털 자경주의digital vigilantism'에 대한 우려도 마찬가지다. 사회적인 물의를 일으킨 사람을 네티즌들이 온라인에서 '신상 털기'로 응징하거나 보복하는 것이 심각한 사회문제로 대두되었으니 말이다. 폭력이라는 본능을 해소하기 위한 좋은 구실로 '정의 구현'이 오용되고 있다는 해석도 있다.

지적 겸손이 낮을수록 사회적 자경주의가 횡행한다. 그리고 그 결과 학습할 기회를 잃게 되고, 돌발 상황에 대한 대처능력이 현저하게 떨어진다.[4]

학습의 기회를 잃는다는 말은 무슨 뜻일까? 먼저 교육education과 학습learning의 차이를 살펴볼 필요가 있다. 교육은 가르치는 사람 입장을, 학습은 배우는 사람의 입장을 중심에 둔 개념이다. 교육은 아는 사람이 모르는 사람에게 준비된 내용을 전달하는 행위다. 그래서 커리큘럼을 정교하게 짜야 한다. 그렇게 해도 예측하지 못한 일이 일어나는 것은 막을 수 없다. 반면 학습은 교육받은 것을 적용하는 현실에서 상시적으로 일어난다. 심지어 모르는 사람들 사이에서도 일어날 수 있다. 교사에게 교육받은 내용을 옆자리 친구에게 설명해줄 때 학습이 일어난다. 직장에서도 마찬가지다. 교육받은 내용보다 더 많은 것을 선후배 혹은 동료와 주고받는 대화나 실무에서 학습한다. 그것도 즉각적이면서도 지속적으로. 전문가들 역시 교육의 효과보다 학습의 효과가 더 크다고 입을 모은다. 다소 극단적인 입장을 취하는 사람은 심지어 교육 무용론을 주장하기도 한다. 물론 교육과 학습은 모두 필요하다. 다만 학습이 더 강력하면서도 지속적인 효과가 있다.[5]

그런데 지적 겸손이 낮은 사람들로 이루어진 집단이나 그런 사람들이 중심에 자리 잡고 있는 조직에서는 교육은 가능할지 몰라도 학습은 좀처럼 이루어지지 않는다. 이 점은 중요하다. 다양한 방식의 적용과 대화가 줄어들기 때문이다. 그렇다면 지적 겸손을 높이는 방법이 있을까? 멘쿠소 교수 연구진의 결론은 명확하다. 첫째, 재능보다는 과정을 면밀히 살펴보는 리더나 교사가 있어야 한다. 둘째, 좋은 결과가 있었다 하더라도 예측과 다르면, 면밀히 검토하는 과정이 있어야 한다. 셋째, 공을 특정한 사람이 독차지하지 않나 항상 주의 깊게 살펴봐야 한다. 이런 과정을 소홀히 하면 조직의 구성원들 간 대화는 필연적으로 줄어들며, 이는 지적인 겸손이 아닌 거만함을 통해 학습의 기제를 무력화시킨다. 자율적이고 다양성이 존중받는 사회의 어두운 이면이다. 지적 겸손을 강조하는 이유다.

2.
마음의 병을 넘어 공존하기

스트레스에 대처하는 법

스트레스란 무엇인가? 사전적 정의는 '적응하기 어려운 환경에 처할 때 느끼는 심리적 및 신체적 긴장 상태'다. 이 상태가 지속되면 심장병·위궤양·고혈압 따위의 신체적 질환을 일으키기도 하고, 불면증·신경증·우울증 따위의 심리적 부적응을 유발하기도 한다. 하지만 스트레스를 잘 극복하기만 하면 사람은 더욱 강해진다. 마치 힘든 훈련을 받는 순간에는 한계를 느끼지만 이겨내고 나면 단단한 근육과 지구력이 붙어 더 강인한 사람이 되는 것처럼 말이다. 자, 이제 우리에게 스트레스를 안겨주는 다양한 감정에 대처하는 방법을 구체적으로 알아보도록 하자. 스트레스 완전정복!

우울은 움직여야만 빠져나올 수 있다

심리학자들이 애용하는, 대단히 중요한 함의가 담긴 우스갯소리가 있다. 창의적인 아이디어를 만들려면 어떻게 해야 할까? 창의적인 사람은 누구나 쉽게 떠올리는 상식적인 생각에서 벗어나 새로운 생각을 착안한다. 따라서 '고착으로부터의 탈피'가 무엇보다도 중요하다. 그런데 정말 재미있는 것은, 첫 번째로 떠오른 고정관념이나 상식에서 벗어나려면 '나의 두 다리'를 이용해 그 생각이 떠오른 장소에서 걸어나가야 한다는 점이다. 즉 물리적으로 벗어나야 한다. 그렇게 걸어나가 제2, 제3의 장소로 이동해야만, 거기서 새로운 생각을 할 수 있게 된다. 실제로 인간은 무언가에서 정신적으로 빠져나오려면 몸도 거기에서 빠져나와야 한다. 특히나 우울한 감정은 더더욱 그렇다. 그러니 움직여야 한다. 좀 더 구체적으로 어떤 활동을 하면 좋을까? 운동이다.

우울은 의욕이 없고 희망감도 없는 상태를 뜻한다. 그렇기에 에너지와 관련이 크다. 흥미롭게도 심리학자들이 연구를 거듭한 결과, 인간의 정신력과 체력은 같은 에너지 공급 체계를 사용한다. 체력이 떨어진 사람은 정신력이 좋을 수가 없다는 것이다. 따라서 우울감 역시 운동으로 상당 부분

해소할 수 있다. 가벼운 걷기나 스쿼트 등 현실적으로 실행 가능한 작은 운동을 매일 조금씩이라도 해보면 기분이 달라질 것이다. 다만, 과도한 운동이나 탈진할 만큼의 활동은 더 큰 우울감을 불러일으킬 수 있으니 조심해야 한다. 호흡이 약간 거칠어지는 정도의 작은 운동을 여러 번 나눠 하는 것이 가장 좋다.

불안은 '작고 구체적인' 성취로 다스리자

불안도 스트레스를 유발하는 주범이다. 불안은 모호하고 막막할 때 커진다. 모든 종류의 불확실함이 불안과 같이 묶인다. 그래서 불안감은 그 반대편에 놓인 작지만 구체적인 일을 할 때 잘 다스려진다. 불안할 때 오히려 더 잘되는 그런 일들 말이다. 평소 마무리하지 못한 자질구레하면서도 구체적인 일을 한번 떠올려보자. 차일피일 미루었던 정리나 분석 등이 여기에 해당한다. 그리고 이런 일을 하면서 느끼는 작은 성취감은 상당한 회복제 곧 용기가 된다.

명심할 점은 모호함과 불확실함을 키우는 대화를 자제해야 한다는 것이다. '당신은 몰라도 됩니다' '그런 건 알아서 뭐하게?' 같은 말이 대표적이다. 평상시라면 듣는 사람이 책임이나 의무감을 면제받았다고 느낄지도 모르지만, 일정 수준 이상 모두 불안할 때에는 섭섭하거나 막막하게 느낄 확률이 크다. 조직이나 단체를 이끌어가는 사람이라면 더더욱 조심해야 한다.

불안이 커지는 또 다른 이유인 외로움

사람들 사이에서 부대낄 때는 혼자만의 시간을 누리고 싶다. 자연 속에서 혼자 지내는 사람들 이야기를 다룬 TV 프로그램이 인기를 끄는 이유를 알 것 같다. 그렇다면 코로나 팬데믹으로 혼자만의 삶을 강요받은 2020년대 초 사람들은 행복했을까? 비대면 수업과 원격근무로 사회적 거리를 유지하면서 사람들은 과연 잘 지냈을까?

코로나바이러스에 감염될까 봐 불안한 마음 못지않게 홀로 지내는 고립감에서 비롯한 불안감도 크다. 소속감을 느낄 기회가 현저히 줄었기 때문이다. 현대인이 경험하는 불안의 가장 큰 요소가 자신이 속한 집단과 사회에서 분리되지 않을까 하는 걱정이다. 인간은 사회적 존재라는 금언이 떠오르는 대목이다. 불안을 느끼는 개인을 위해 집단이나 조직은 어떤 조치를 취할 수 있을까? 코로나 팬데믹으로 원격근무가 일상화된 어느 날, 한 직장인이 회사에서 보낸 (회사 로고가 크게 찍혀 있는) 수건 세트를 받아들고 눈물을 왈칵 쏟아냈다는 말을 들은 적이 있다. 여느 때라면 '집에 쌓인 게 수건인데 뭘 또……'라며 시큰둥한 반응을 보였을 법하지만, 이번에는 상황이 달랐다. "회사가 나를 잊지 않고 있다는 느낌이 들더군요."

소속감은 사실 별것 아니다. 주변 사람들, 사회가 자신을 잊지 않고 있다는 자각을 만들어내는 건 작은 정성들이다. 오래전 이민을 떠나 타국에서 큰 성공을 거둔 사업가는 분기별로 발송되는 동창회보를 기다린다. 사회와 격리된 채 군복무를 하는 사람이 목 빠지게 기다리는 것은 가족이 보내주는 편지다. 인간은 그런 존재다. 소속감은 아주 효과적인 불안감 완화제다. 그러니 나부터 주위 사람들의 안부를 자주 물어야 하지 않을까? 그래야 그들도 내게 안부를 물을 것이고, 그렇게 서로 소속감을 다져나가게 된다. 물리적으로 떨어져 있더라도 심리적으로는 결코 그렇지 않음을 우리는 코로나 팬데믹 시기를 지나며 경험적으로 알게 됐다. 물리적 고립감이 주는 불안은 심리적 소속감으로 해소될 수 있다.

상실감은 채워서 극복!

상실감은 소중한 것을 잃었을 때 느끼는 슬픈 감정이다. 그 슬픔에서 벗어나는 방법은 명확하다. 사소해 보이는 것으로라도 마음의 빈자리를 채워야 한다. 작더라도 기쁨을 주는 것이면 좋다. 심리학에서 슬픔의 반대말은 행복이기 때문이다(그리고 불안의 반대말은 안심이다). 거창한 것이 아니라 그저 즐거운 일을 경험하면 된다.

평소 좋아하는 음식이나 영화 혹은 다른 취미활동 등 무엇이든 무방하다. 이렇게 작은 기쁨을 최대한 많이 만들어야 한다. 그래야만 '그래! 다시 해보자' 하는 의욕이 생긴다. 더욱 중요한 것은, 막막한 상황을 헤쳐나갈 묘수나 아이디어 역시 기분이 살짝이라도 좋아졌을 때 가능해진다는 사실이다. 그러니 상실감으로 무기력을 느낄 때 무작정 앉아 있기보다는 좋아하는 활동을 지속함으로써 스스로 만족감을 충족해야 한다.

이때 고민해볼 한 가지가 돈이다. 상실감은 돈으로 채우기 어렵다. 우리는 왜 돈을 버는가? 좋아하는 것을 구입해서 마음의 빈자리를 채울 수 있기 때문이다. 하지만 돈 자체는 그런 기능이 없다. 따라서 상실감으로 인한 스트레스를 겪는 사람은 돈보다는 작더라도 마음이 담긴 선물받을 때 힘이 날 것이다. 그러므로 상실감으로 인한 스트레스 상황에서 중장기 인생 계획을 짤 때, 'ㅇㅇ를 벌겠다'보다는 'ㅇㅇ를 사겠다' 혹은 'ㅇㅇ에 가겠다'라는 식의 계획을 세우는 것이 매우 중요하다. 어려울 것 없다. 위시리스트를 만들어 실천해보자.

소중한 사람들과 목적 없는 대화의 소중함

지옥에 있는 사람보다 더 힘든 사람이 있다. 바로, 지옥을 보는 사람이다. 동물도 마찬가지다. 전기충격을 당하는 쥐보다 전기충격으로 고통받는 상대방을 보는 쥐의 뇌에서 더 많은 스트레스를 처리하는 것으로 나타났다. 하물며 인간이랴. 벗어날 수 없음, 변화 없음에서 인간은 가장 큰 스트레스를 받는다. 그래서 스트레스를 받으면 무엇이라도 해야 한다. 그리고 그 스트레스에서 벗어나는 순간의 경험을 뇌가 기억해야만 한다. 왜냐하면 그 해방과 탈출의 기분을 뇌가 똑똑히 기억하고 있어야 이후 유사하거나 심지어 더 큰 스트레스를 경험할 때 그대로 주저앉지 않고, 기억을 떠올리면서 다시금 벗어나고자 하는 움직임을 만들어내기 때문이다.

스트레스 대처의 핵심은 변화다. 넓은 시야로 보면, 인간 삶에서 가장 중요한 것 역시 변화다. 아무리 좋은 자세라도 하나만 취하면 지옥이 되기 십상이다. 하지만 더 중요한 것이 있다. 그 변화가 거창해야만 스트레스에서 더 빨리 더 효과적으로 탈출할 수 있다고 생각한다면, 매우 큰 착각이다. 심리학자들은 늘 경고해왔다. 큰 스트레스에서 벗어나기 위한 거창한 변화는 더 큰 스트레스를 유발할 가능성만 높일 뿐이라고. 왜 그럴까? 스스로 대처해 상황을 변화시킬 수 있다는 통제감이 떨어지기 때문이다.

예를 들어보자. 스트레스를 확 떨쳐내려고 큰맘 먹고 해외여행을 떠났다. 그런데 해외에서는 일단 말이 통하지 않는다. 문화도 다르다. 그러니 자기가 상황과 주변을 스스로 변화시킬 수 있는 여지가 크게 떨어진다. 그런데 스트레스는 자신의 통제감이 떨어지기 때문에 생긴다. 내가 어찌해볼 도리 없는 일이 자꾸 일어나니 상황과 여건에 질질 끌려다니기 때문에 주로 발생한다. 말과 문화가 다른 먼 곳으로 떠나면 당연히 통제감이 더 떨어진다. 그러니 더 큰 스트레스로 감당할 수 없는 지경에 이를 수 있는 위험이 커진다.

그런데 부담이 없으면서도 효과는 좋은 방법이 있다. 주위의 행복한 사람을 만나 목적 없는 대화를 나누는 것이다. 행복한 사람을 만나면 오히려 나만 불행한 것 같아 질투심에 불탈 것 같아 우려되는가? 완전한 오해다. 만약 실제로 그런 불편함 감정을 느낀다면, 그 이유는 전혀 다른 곳에 있다. 그 행복한 사람과의 대화에 돈을 빌린다거나 부탁을 한다거나 아니면 어떤 정보를 알아내고픈 목적을 가지고 임하고 있기 때문이다. 소소하고 신변잡기적인 대화를 목적 없이 나누다보면 나도 모르는 새 스트레스에서 벗어나는 느낌이 든다. 물론 그 느낌 자체가 문제를 해결해주지는 않는다. 하지만 그 바뀐 느낌을 통해 스트레스 유발 요인들을 해결하고 상황을 바꿔보려는 의욕이 생길 수 있다. 이럴 때일수록 주위의 행복한 사람을 만나는 것을 두려워하지 말자.

바꿀 수 없는 문제 때문에 실패하는 경우는 거의 없다. 실패하는 첫 번째 이유는 '바꿀 수 있는데도 바꾸지 않아서'다. 두 번째 이유는 '너무 많이 바꾸는 과정에서 크게 좌절하고 지쳐서'다. 그러니 벗어나고 바뀌고 있다는 '작은 느낌'이 중요하다. 행복한 사람들을 만나 목적 없는 대화를 통해 가져보는 것은 그런 '작은 변화'를 만들어내는 데 무엇보다

필수적인 행동이다. 인지과학자 위고 메르시에와 당 스페르베르는 《이성의 진화》에서 이렇게 말했다. "지능의 관점에서 보면 우리 마음은 이상하거나 어리석은, 심지어 말도 안 되는 바보 같은 짓을 하도록 설계된 것처럼 보인다. 그중에 하나가 곁에 있는 사람들과 비슷해지려는 무의식이다. 하지만 이는 사회성의 관점에서 보면 우리 인간의 마음이 협동에 얼마나 최적화돼 있는지를 알게 해주는 대목이다."

협동과 공존을 거부하고 약자를 배신하면
악의적으로 창의적인 시대가 온다

그야말로 변화의 시대에 살고 있다. 변화의 한가운데에서 마주하게 되는 혼돈과 불안은 일상화되었다. 최근 가장 큰 문제로 대두되고 있는 것이 바로 사회 구성원 간에 존재하는 다양한 격차다. 소득, 학업 및 취업의 기회 등 거의 모든 면에서 상하위 계층의 격차가 벌어지고 있다. 그런데 이런 격차를 줄이는 데 크게 관심이 없는 이가 많은 것 같다. 심리학자로서 참 안타깝다. 심리학자가 사회문제를 걱정하는 것이 어색하게 느껴질지도 모르겠다. 계층 간 격차가 사회를 더 위험하고 어둡게 만들기 때문에? 물론 그런 염려도

한다. 하지만 더 본질적인 이유가 있다. 바로, 계층 격차 때문에 더욱 악의적인 방식으로 창의적인 사회가 될 수 있기 때문이다.

악의적 창의성이란 무엇인가?

어느 집단이든 '나쁜 짓'을 하는 데 일가견이 있는 사람이 있다. 세계적인 창의성 전문가인 제임스 카우프만 코네티컷 대학 교수는 부정적인 일에 사용되는 창의력을 '악의적 창의성malevolent creativity'이라고 이름 붙였다. 매우 당혹스러운 단어의 조합인데, 그 폐해는 우리의 상상을 초월한다. 코로나 확진 현황 사이트, 검찰청 사이트 등을 위장한 스미싱 범죄는 이제 흔하게 볼 수 있고, 가짜뉴스와 허위 정보를 미끼로 한 사기 범죄도 급증하고 있다. 굳이 범죄까지 가지 않고 신문 사회면만 봐도 실로 어이없는 방법으로 사회를 충격에 빠뜨리는 행태가 전 세계적으로 만연하다.

사람들은 과연 어떤 과정을 거치면서 악의적으로 기발해지는 것일까? 최근 네덜란드 암스테르담대학의 심리학자 마타이스 바스 교수 연구진이 발표한 연구 결과를 주목해 볼 필요가 있다.[6] 연구진은 사회과학은 물론이고 신경과학 연구에서도 자주 사용되는 연구 재료인 그 유명한 '죄수의 딜레마' 게임을 약간 변형해 실험에 활용했다.

먼저 '죄수의 딜레마' 게임이 무엇인지 알아보자. 실험 참여자는 상대방에게 협력하거나 협력하지 않을 수 있고, 상대방도 마찬가지다. 두 사람이 모두 협력할 경우 보상을 받고, 둘 다 협력하지 않으면 처벌받는다. 엇갈린 선택을 하는 경우, 협력하지 않은 쪽은 보상을 받고 협력한 쪽은 처벌받는다. 바스 교수 연구진은 이 '죄수의 딜레마' 게임에 절묘한 변형을 가했다. 바로 나(실험 참여자)는 협력했지만 상대방이 배신한 경우, 내가 입는 피해의 규모를 더 크게 상정한 것이다. 연구진은 이를 '높은 사회적 위협 조건'으로 불렀다. 피해 규모를 기존 게임보다 줄인 경우도 만들어냈는데, '낮은 사회적 위협 조건'이다. 이 조건은 배신을 당해도 피해가 그리 크지 않은 경우다.

어떤 조건의 게임이든 수차례 수행한 뒤 실험 참여자들에게 게임과는 전혀 무관한 과제가 부과된다. 이를테면, '하나의 벽돌로 할 수 있는 독특한 일들을 모두 나열하라'는 식의 질문이 한 예다. 대답에 주어진 시간은 3분이다. 결과는 흥미로웠다. 사회적 조건이 달라짐에 따라 차이가 분명하게 나타난 것이다. 높은 사회적 위험 조건에 처한 사람들이 앞선 실험과는 전혀 무관한 '벽돌 과제'에서 악의적 창의성이 크게 증가했다. 더욱 주목할 만한 점은, 나열한 아이디어의 개수는 적었지만 악의적 독창성은 컸다는 것이다. 즉 이전의 딜레마 게임에서 자신이 협력했음에도 상대방에게 사회적으로 크게 배신당한 사람들이 더 적은 수의 매우 악의적으로 기발한 아이디어를 냈다. 좁아진 시야 안에서 악의적으로 창의적인 사람들로 돌변했다는 뜻이다. 그러니 단순한 배신을 당한 것이 아니라 협력의 결과로 배신당해 고통스러워하는 사람들을 방치하면 사회에 얼마나 비극적인 일이 초래되는가를 명심해야 한다. 협동과 공존의 가치가 배신감으로 물든 사회는 악의적 창의성이 지배하게 될 가능성이 매우 높다. 그렇다면 해결책은 무엇일까?

공평과 공정을 정확하게 구분하는 사회

배신감을 느끼는 경우는 매우 다양하다. 하지만 그 기저에는 공정과 공평에 있다. 그 원칙이 깨졌을 때 찾아오는 것이 '사회적 배신감'이니 말이다. 여기서 짚고 넘어가야 할 사실이 있다. 공정과 공평이 심리적으로 구분되는 경험이며, 따라서 각기 다른 영향력을 지니고 있다는 점이다.

공평公平의 사전적 정의는 '어느 쪽으로도 치우치지 않고 고름'이다. 일종의 평등에 가깝다. 반면 공정公正은 약간 다르다. 사전적으로 '공평하고 올바름'을 뜻하는데, 풀어보면 공평함이 올발라야 한다는 것이다. 즉 공헌한 바에 따라 보상을 올바르게 구분하는 것을 말한다. 다시 말하자면, 더 많은 일을 하고 더 큰 공헌을 한 사람에게 더 많은 것을 주는 것이 공정하다. 각자 처한 상황에 맞게 무언가를 부여하는 것도 역시 공정에 속한다. 예를 들어, "형은 키가 더 크고 몸집이 크니까 빵을 세 개 먹고 동생은 작으니 빵을 두 개 먹거라" 하고 말하는 부모는 공정한 판단을 지향하고 있지만, 공평함과는 거리가 멀어진다.

흥미로운 점은, 이 공평과 공정이 현재 상황과 예정된 일에 따라 다른 역할을 한다는 것이다. 공평해야 할 때와 공정해야 할 때가 따로 있다는 뜻이다. 무슨 뜻일까? 플로리다 주립대학의 저명한 심리학자 로이 바우마이스터 교수의 이야기를 들어보자. 그는 각각 다른 함수관계를 보이는 공평과 공정을 이해하기 쉽게 명료하게 풀어서 설명해준다. 그에 따르면, 공평은 협동의 질을, 공정은 경쟁의 질을 높이는 힘이 강하다.

다만 집단이나 사회의 크기라는 변수가 존재한다. 작은 집단은 가족 같은 분위기를 형성할 수 있기에 평등 즉 공평함이 더 중요하다. 능력이나 성과에 따라 보상이 차등 적용된다면 끈끈한 협동심이 계속 유지될 리 만무하다. 상대적으로 크게 기여한 가족 구성원이 좀 손해를 보더라도 넓은 마음으로 다른 구성원들에게 자신의 공을 돌리는 것이 바람직하다. 혜택을 입은 다른 구성원들이 곁에서 고마운 마음을 표할수록 미래의 협동도 가능할 것이다. 평등은 좋은 미덕이 된다. 하지만 그 조직이나 사회가 일정 수준 이상 커지면 이야기가 달라진다. 그런 고마움을 서로 표현할 접점도 없고, 내가 본 손해로 누가 혜택을 보는지도 역시 보이지 않는다. 그래서 이 경우에는 평등보다는 공정이 더 중요한 요소가 된다. 구성원들 간의 경쟁이 불가피해지기 때문이기도 하다. 따라서 공평보다는 공정이 더 우선시되어야 조직이나 사회 구성원들이 더욱 힘을 내서 일하게 된다. 건전한 경쟁의 룰이 생긴다. 만약 두 변수를 바꾸면 어떻게 될까? 작은 조직에 무리하게 공정을 강조하거나 매우 큰 집단에 무작정 공평을 강조한다면?

모든 사람이 힘을 합쳐야 하는 '협동 게임'에서는 참여자가 공평하게 배분받고 난 뒤 성과가 좋았고, '경쟁 게임'은 공정한 조건이 지켜질 때 원활하게 수행되었다는 흥미로운 실험 결과가 있다. 만약 두 게임의 조건을 거꾸로 조정한다면, 그러니까 협동을 당부하면서 공평하지 못하고, 선의의 경쟁을 강조하면서 불공정한 분위기를 조성한다면 어떻게 될까? 공정을 강조해야 할 때 평등을 실천하면 이른바 무임 승차하는 사람들이 양산될 것이다. 반면 평등이 필요할 때 공정을 지나치게 강조한다면, 사회 전체의 단합을 해칠 뿐 아니라 많은 이의 시기와 질투를 자아내 저마다 각자도생의 살길을 찾게 될 것이다.

작은 집단에서 큰 집단으로 발전해나갈 때에는 이전보다 '공정'을 부각해야 한다. 큰 집단이 위기를 만나 작은 집단으로 축소된 뒤에는 '평등'이라는 가치가 대접받아야 한다. 사회는 이런 원리를 널리 적용해야 한다. 이 점을 간과한다면 배신감을 느낀 사람들이 악의적 창의성을 키워 사회를 위협할지 모를 일이다.

3.
위기를 대하는 자세

기회냐 파국이냐는 종이 한 장 차이

기후위기, 경제위기, 코로나19 등 오늘날 위기는 항상 우리 곁에 있다고 해도 과언이 아니다. 그럼 위기는 필연적으로 파국을 예고하는 것일까? 한편에서는 위기가 곧 기회라고 한다. 전화위복이라는 말도 있다. 위기에 대처하는 자세가 앞날을 좌우한다는 뜻일 것이다. 기실 파국으로서의 위기와 기회로서의 위기는 종이 한 장 차이이다. 그럼 개인과 조직은 어떻게 위기를 기회로 바꿀 수 있을까? 심리학은 위기와 관련된 많은 연구와 조사를 수행해왔다. 하지만 구슬이 서 말이라도 꿰어야 보배. 위기를 기회로 만드는 방법에 관한 이야기를 꿰어보자.

위기는 잠재력을 확인할 수 있는 좋은 기회

노벨상을 패러디한 '이그 노벨Ig Nobel'이라는 상이 있다. 노벨상이 인류 문명을 위한 위대한 연구 업적에 수여되는 반면, 이그 노벨상은 통렬한 풍자나 기발한 해석을 내놓은 사람들에게 돌아간다. 2006년 문학 분야에서 이 상을 받은 사람은 UCLA의 대니얼 오펜하이머 교수다. 늘 기발한 연구와 실험으로 신선한 충격을 안겨주는 그가 한 간단한 실험 연구를 예로 들어보자.

"야구 방망이와 야구공을 합쳐 1달러 10센트다. 그리고 방망이는 공보다 1달러 더 비싸다. 그렇다면 공은 얼마일까?" 많은 사람이 '10센트'라고 답하지만, 오답이다. 정답은 5센트다. 그런데 이 문장을 일부러 흐리게 해서 읽기 어렵게 만들면 오히려 정답률이 올라간다. 무심결에 지나치는 생각의 방식이 찬찬히 들여다보는 방식으로 바뀌었기 때문이다. 더욱 재미있는 결과도 있다. 글을 일반인보다 훨씬 늦게 읽을 수밖에 없는 난독증 환자들이 이 문제를 풀면 일반인 못지않은 정답률을 기록한다는 사실이다. 이런 관찰을 종합해, 오펜하이머 교수는 자신에게 주어진 역경을 통해 우리는 오히려 다른 사람들이 갖기 어려운 능력을 예상치 못한 과정으로 성취한다고 역설한다. 일상적이고 습관적인 생각과 행동은 역경이라는 큰 장애물을 넘어서는 데 도움이 되지 않는다. 그래서 역경은 새로운 방법을 강구하게 만든다. 그 과정에서 무수히 많은 우연을 가장해 과거의 일상에서는 자신의 약점으로만 보였던 측면이 이제 장점으로 둔갑하게 된다.

나의 약점은 무엇인가? 나는 정말 그 점 때문에 발전하지 못하고 제자리에 머물러 있는 걸까? 아마도 아닐 것이다. 약점은 역경을 만들고, 그 과정에서 '나만의 장점'과 '내가 훨씬 더 잘할 수 있는 일'을 발견하게 한다.

굉장히 높은 빈도로 약점은 보완의 대상이 아니라 전혀 다른 상황에서 강점으로 둔갑한다. 예를 들어볼까? 우리나라는 천연자원이 거의 나오지 않는 작은 나라다. 흔히 이런 말을 들어본 적 있을 것이다. "사람이 자원이다. 작은 나라의 약점을 보완하려면 더 열심히 일해야 한다." 그런데 우리나라의 좁은 국토는 오히려 인터넷과 IT산업 발전에 유리하게 작용했다. 따라서 '지금의 여건은 큰 위기이고, 이 위기를 어떻게든 극복해내야 한다'는 비장함 대신 좀 더 실질적 자세를 가져보는 것은 어떨까? "많이들 위기라고 하지만, 지금이야말로 나와 우리 안에 숨은 잠재력을 개발할 수 있는 기회라고 생각한다" 하는 식으로 말이다.

위기에는 핵심만

위기 상황에서는 핵심을 말하는 것이 그 무엇보다도 중요하다. 다른 시시콜콜한 사항을 자질구레하게 붙이는 언행은 금물이다. 무슨 뜻일까? 마이애미대학의 우즈마 칸 교수와 보스턴대학의 대니얼라 쿠포 교수는 이와 관련해 매우 흥미로운 연구를 발표했다.[7] 연구진은 실험에 참가한 사람들 중 절반에 해당하는 A 그룹에게 새로운 의약품에 대해서 들려주면서 발작을 일으키는 부작용이 있을 수 있음을 설명했다. 설명을 마친 뒤 이 약품이 얼마나 위험하다고 생각하는지 물었다. B 그룹에서는 A 그룹에 전한 정보에 더해 발작보다는 덜 위험한 부작용인 혼란감이나 피로감 같은 부작용에 대해 추가로 알려주었다. B 그룹에도 마찬가지로 약품의 위험도를 물었다.

결과는 어땠을까? B 그룹 실험 참여자들이 오히려 새로운 약품을 덜 위험하다고 판단한 것이다. 다시 말해 덜 심각한 부작용에 관한 추가적 정보가 더 심각한 부작용인 발작에 대해 느끼는 위험성을 일부 잡아먹은 셈이다.

이는 긍정적인 점과 관련해서도 마찬가지로 관찰되었다. 한 여행자 보험 상품 구매 의향을 사람들에게 물어봤다. A 그룹 사람들에게는 이 보험이 보장하는 심각한 부상의 종류를 알려주었다. 그리고 B 그룹에는 여기에 더해 그 보험이 보장하는 다른 사소한 질병과 사고에 대해서도 알렸다. 그 결과, B 그룹 사람들에게서 해당 보험 상품을 구매할 의향이 더 약하게 나타났다. 이 패턴은 심지어 복권 구매에서도 마찬가지로 나타났다. 아이패드를 받을 수 있는 복권에 비해 다른 더 저렴한 상품이 당첨되는 경우가 추가된 복권에 사람들은 매력을 덜 느끼는 것으로 나타났다.

어째서 우리의 상식적 예측과는 정반대의 결과가 일어나는 것일까? 더 작은 위험 혹은 이득이 추가되면, 더 큰 위험에 관한 경각심 혹은 이득에 대한 매력이 평가절하되는 이유는 무엇일까? 이유는 바로, 주의 분산과 확률에 있다. 사람들은 높은 발생 확률을 지닌 작은 위험이나 이득이 추가될 때 발생 확률은 낮아도 큰 위험이나 이득으로부터 주의가 분산된다는 것이다. 그래서 그 큰 위험이나 이득의 확률이 심리적으로 축소된다. 주위에 이런 경우는 빈번하다. 가장 큰 위험 요소인 화제 방지책을 고민하다가도 별로 중요하지는 않지만 빈번하게 눈에 띄는 사소한 불편함을 발견한 순간, 고민의 중심이 그쪽으로 이동하는 경우와 유사한 사례가 허다하지 않은가?

이 사실은 무엇을 의미할까? 확률은 높지 않아도 큰 문제를 일으킬 수 있는 사안이나 큰 성취를 가능하게 하는 이른바 큰일을 이야기할 때는 발생 확률은 높지만 작은 일을 연이어 이야기하거나 논의하는 것을 되도록 피해야 한다는 것이다. 따라서 위기 상황일수록 '자질구레한 일들은 잠시 접어두고 이 일에 관해서만 논의해보자'라는 넓은 시야를 갖출 필요가 있다. '내가 다 파악하고 있고, 다 통제하고 있다'는 달콤한 유혹에서 벗어나는 것이 좋다. 특히 언제 그래야 할까? 다른 구성원들이 여러 일로 분주하고 혼란스러울 때. 칸 교수 연구진이 이렇듯 큰일에 대한 평가절하의 효과를 가장 크게 관찰한 장소가 번잡하고 시끄러운 복도나 구내식당에서였기 때문이다.

레트로의 역설적인 힘

요즘 같은 위기의 시절에 두드러지는 특징이 하나 있다. '레트로' 혹은 '뉴트로'로 대변되는 복고 열풍이다. 단순히 우연한 결과일까? 결론부터 말하자면, 아니다. 이는 상당히 근거 있는 사실이자 현상이다. 왜냐하면 복고의 핵심에는 추억이 있고, 추억은 과거의 것이지만 미래의 에너지로도 만들 수 있다는 연구가 상당수 존재하기 때문이다.

그렇다. 과거를 회상하면서 현재와 미래를 위한 에너지를 만들 수 있다. 이른바 과거의 힘power of past, 즉 향수가 에너지를 만든다는 이 역설적인 현상을 오래전부터 연구해온 대표적인 학자가 영국 사우스햄프턴대학의 심리학자 제이컵 율 교수다. 그를 비롯한 많은 연구자에 의하면, 긍정적인 과거 경험 중 특정 유형을 회상하면 현재와 미래를 위한 주목할 만한 에너지가 만들어진다. 왜 과거의 추억을 소환하는 것이 에너지가 될까? 상식적으로는 잘 납득되지 않는다. 과거의 좋은 기억은 긍정적인 지난 시절에 대한 그리움을 뜻한다. 그런데 이 향수에는 단순히 그리움만 포함되어 있는 것이 아니다. 그 과거를 다시 한번 경험하고픈 소망이 포함되어 있다. 이 소망은 미래를 살기 위한 가장 중요한 힘이 된다.

율 교수는 이를 실험으로도 입증했다.[8] 그와 연구진은 실험 참가자들에게 자신이 걸어온 과거를 회상하게 했다. 참가자들 절반에게는 '아, 그때가 좋았다'라고 할 만한 기억을 떠올리게 했다. 나머지 절반에게는 특정한 시점을 정해주고 그 시점 전후로 일어났던 일을 떠올리게 했다. 전자는 향수를, 후자는 단순한 일상적 기억을 떠올린 것이다. 연구진은 이후 두 그룹에 다양한 과제를 똑같이 부여했다. 그중에는 자기 혼자 열심히 하면 되는 일도 있었고, 공동의 목표를 향해 타인과의 협력이 필요한 일들도 있었다.

결과는 매우 놀라웠다. 두 그룹 간에 주목할 만한 차이가 나온 것이다. 향수 즉 긍정적 과거를 떠올린 사람들은 유독 협력이 필요한 일에 훨씬 더 적극적으로 몰입했고, 잘할 수 있다는 신념도 더 강하게 지니는 것으로 나타났다. 당연히 과제 수행 결과도 우수했다. 하지만 이러한 향수 자극의 효과가 다른 사람들과의 협동이 필요치 않은 과제들 즉 나만을 위한 일에서는 거의 나타나지 않았다.

연구진은 또 다른 실험을 진행했다. 이번에는 과거의 긍정적 경험을 구체적으로 쓰게 했다. 한 그룹에게는 단순히 과거의 좋은 일을, 다른 그룹에게는 타인과 함께 겪은 좋은 일을 쓰게 한 것이다. 이미 결과를 눈치챘을지도 모르겠지만, 이 조치는 협동을 극대화했다. 전자도 일반적인 경우보다는 타인과의 협력을 촉진시켰지만, 후자의 조건에서는 거의 최고 수준으로 다른 사람들과의 협력 및 공감이 이루어졌다. 이 결과가 말해주는 것은 무엇일까? 사람은 '과거에 다른 사람들과 보람을 느끼면서 무언가를 성취했다는 기억'을 되새길 수 있다면 미래를 위해 큰 힘을 낼 수 있다. 그런 힘을 심리학에서는 '효능감'이라고 한다. 그리고 우리는 과거의 수많은 기억 중 이 효능감을 다시 갖는 데 요긴한 실마리를 찾아 헤매고 있다. 레트로와 뉴트로 열풍에도 그런 소망이 담겨 있다. 이럴수록 예전의 '긍정적 협동으로 이룬 것들'에 대한 재발견과 알림이 중요하다.

회의와 지시는 짧고 간결하게

인간 사고의 중추인 뇌를 비롯한 신체 각 기관의 상호 작용은 조직 내에서 리더와 구성원의 상호 작용과 참으로 많은 구석이 유사하다. 2013년 미시간대학 의과대학의 지모 보리긴 교수 연구진의 연구 결과를 살펴보자.[9] 결론이 대단히 흥미로운데, 죽기 직전 뇌는 심장에 너무 많은 지령을 내린다는 것이다. 그 때문에 응급처치가 필요한 순간, 황금보다

귀하다는 심장 작동 시간이 절반 이하로 줄어든다. 연구진
은 산소 결핍으로 죽기 직전 쥐의 뇌와 심장이 어떻게 교신
하는지를 관찰했다.

산소 결핍의 위기 상황에서 다급해진 뇌는 많은 종류의
신경전달물질을 활성화시켜 엄청난 양의 신호를 심장을 향
해 퍼붓는다. 이로 인해 심장은 혼란감에 휩싸여 스스로 무

너지기 십상인데, 이를 '심정지 상태'라고 부른다. 그런데 어이없게도, 심정지 상태일 때조차 뇌는 상당 시간 활동하면서 대답 없는 다른 신체 기관들에 무차별적으로 지령을 내려보낸다. 그러면서 뇌는 자신을 떠받치고 있는 수많은 다른 기관을 스스로 무력화시키며 결국 죽음을 맞이하는 것이다. 왜 이런 일이 일어날까? 보리긴 교수의 설명을 조금 더 인문학적으로 바꿔보면 쉽게 이해할 수 있다.

뇌는 모든 정보를 종합하는 일종의 중추적 센터이며, 따라서 수많은 일을 알고 있다. 반면 뇌를 제외한 신체의 각 기관은 작고 구체적인 일을 담당하며, 자신들이 할 수 있는 일에 관한 명령만 수행할 수 있다. 그런데 절체절명의 순간에 많은 것을 알고 있는 뇌는 다급해진 나머지 그 모든 정보를 개별 신체 기관에 무차별적으로 내보내는 것이다. 이런 혼란스러운 정보를 받은 개별 신체 기관은 이제 각자 자신을 지키고자 하면서 다른 기관과의 협력과 상생을 중지한다. 이 상황을 보고 있는 뇌는 더욱 답답해진 나머지 더 많은 지령을 내려보낸다. 이 때문에 신체는 순간적으로 아비규환 상태에 빠지고 만다. 그 과정에서 심장은 자신이 버텨낼 수 있는 시간보다 훨씬 이르게 정지해버린다.

어떤가? 뇌와 각 기관의 이러한 상호 작용이 조직과 매우 유사하다고 생각하지 않는가? 긴박한 위기의 순간, 조직의 상층부로 갈수록 생각이 복잡해지며 어찌 보면 이는 당연하다. 하지만 리더 한 사람의 머릿속에 떠오르는 그 수많은 생각이 '그대로' 복사되어 아래로 전달되면 그 조직은 무너진다. 이럴 때일수록 지시는 간결하고 분명해져야 한다.

중동전쟁 중 이스라엘 고위 장성들은 하급부대에 작전 지시하러 갈 때 작은 석판 하나만 들고 갔다고 한다. 그들이라고 해서 어찌 하고 싶은 말이 적었겠는가. 하지만 작은 석판에는 중요한 사항 두세 개만 적을 수 있고, 정확히 이 정도의 내용만 하급부대 지휘관에게 전달된다. 그들이 소화해낼 수 있는 양의 명령이므로 즉각적으로 실행된다. 자연스럽게 혼란이 사라진다. 이스라엘이 1970년대 중동 국가들을 상대로 연전연승했던 가장 중요하지만 사람들이 잘 모르는 이유 중 하나다. 위기의 순간일수록 조직 내 리더들의 말이 많아지면 조직의 심장이 정지한다. 보리긴 교수의 의미심장한 말을 되새겨보자. 그녀는 산소 결핍의 순간 뇌와 심장을 끊어놓으면 그렇지 않을 경우에 비해 세 배 이상 오래 생명이 유지된다고 역설했다.

좁아진 시야를 조심하라

위기를 무사히 극복하고 살아남으면 '위기가 나(혹은 우리)를 더 강하게 만들었다'고들 한다. 질병도 마찬가지다. 큰 병을 극복한 사람은 대부분 전에 없던 의욕을 보이는 경우가 많다. 그런데 이들의 다음 행보를 보면 무언가 어리석어 보이거나 시야가 좁아진 모습을 심심치 않게 목격한다. 더욱 염려스러운 것은, 이들이 '위기는 곧 기회다'라면서 취하는 전략을 보면 오히려 두 번째 위기를 자초하기 십상인 외골수적 모습을 보이는 경우조차 잦다는 것이다. 물론 위기 이후에 강한 신념을 가지고 다시금 일어서려는 노력을 하는 것은 무엇보다도 중요하다. 하지만 위기를 넘긴 사람이 이후 굉장히 비과학적인 모습을 보이는 것은 왜일까?

영국 공군이 2차 세계대전 중 범한 어이없는 착각과 그로 인한 실수를 살펴보자. 영국 공군은 적군의 포화를 뚫고 무사히 귀환한 폭격기들에 뚫린 수많은 총탄 자국을 분석했다. 그리고 총탄이 많이 발견된 부분이 폭격기의 약점이라는 결론을 냈고, 그곳의 방탄 능력을 보강하기 위해 장갑판을 덧대는 조치를 강화한다. 하지만 이후에도 폭격기의 생환 확률은 좀처럼 올라가지 않았으며 심지어 다소 떨어지는 난감한 현상마저 발생했다. 그리고 얼마 지나지 않아 영국 공군은 스스로 얼마나 멍청한 생각을 했는지를 깨닫게 된다. 생존한 폭격기들은 그 부분을 공격받고도 무사히 귀환했다. 분명히 그 부분은 그 폭격기의 강한 부분이며, 약점은 아직 조금도 분석하지 않은 돌아오지 못한 폭격기들을 봐야만 알 수 있는 것이다! 뒤늦게 이를 깨달은 영국 공군은 귀환하지 못한 폭격기들을 최대한 추적해 주로 어디를 맞았는지 분석했다. 아니나 다를까. 생환하지 못한 폭격기들은 생존해 무사히 귀환한 폭격기들과 전혀 다른 곳을 공격받아 방어력과 비행능력을 상실해 추락한 것이 밝혀졌다. 결국 영국 공군은 뒤늦게나마 이를 보완해 폭격기의 생존율을 높일 수 있게 된다.

이 이야기가 의미하는 것은 무엇일까? 위기를 극복한 당사자들만을 봐서는 결코 그 위기의 진짜 원인을 제대로 파악할 수 없다는 것이다. 위기를 극복한 개인과 조직은 유사한 위기를 넘기지 못한 불행한 다른 개인과 조직과 자신 사이 다른 점이 무엇이었는가를 면밀히 고민해봐야 한다. 자신들이 위기 극복의 원동력이라고 생각했던 것과 위기의 발단으로 봤던 것이 정반대로 뒤바뀌는 경우도 얼마든지 가능하기 때문이다. 하지만 안타깝게도 위기를 극복하지 못한 개인이나 조직은 그저 패배자로 규정될 뿐이며, 대개 누구도 쳐다보지 않으려 한다. 그래서 위기를 극복한 개인과 조직은 더욱더 기존의 방식에 집착하는 경향이 있다. 어떤 위기든 극복한 다음에는 자신들이 무엇에 더욱 주목하고 심지어는 집착하고 있는가를 냉정하게 다시 한번 되돌아볼 필요가 있다. 위기를 극복한 개인이나 조직은 사실 더 강해지기는커녕 (어쩌면 당연하게도) 대부분 더 약해져 가고 있을지도 모른다. 그것이 냉정한 사실이다.

작은 위기는 예전에도 많았다. 그래서 '가까운' 과거에서 많은 것을 배울 수 있고, 이를 통해 문제를 해결할 수 있다. 하지만 큰 위기일수록 역사에서 배울 수 있는 것은 많지 않다. 왜냐하면 그와 유사한 상황이 과거에 많지 않았기 때문이다. 그렇다면 어떻게 해야 할까? 상대적으로 작아 보이지만 구체적이고 확실한 변화를 만들어낼 수 있는 조치나 습관을 형성해서 타개하는 것이 가장 좋다. 코로나 감염의 위험도 결국 마스크 쓰기와 손 씻기 같은 소소한 개인 방역을 준수하면 줄일 수 있듯이 말이다.

우리는 큰 위기일수록 큰 변화로만 타개가 가능하다고 종종 착각한다. 마치 주사위 두 개를 던졌을 때 합이 '12'처럼 큰 숫자가 나와야 상금을 받는 게임을 할 때, 더 강하고 큰 손동작으로 주사위를 던지는 것처럼 말이다. 하지만 작지만 확실한 조치가 모여야 타개 가능한 것이 바로 큰 위기이며, 작은 역발상으로 인한 개선이 누적되어 극복하는 것이 거대한 위기일 가능성이 높다. 하나하나는 별것 아닌 방법으로 보이겠지만 쌓이면 더하기나 곱하기가 아니라 제곱의 힘을 발휘하는 것이 작지만 확실한 변화와 조치들의 숨겨진 힘임을 잊지 말자.

과학에서 정말이지 자주 등장하는 용어가 바로 '상수'와 '변수'다. 심리학은 결국 인간에게 상수와 변수가 무엇인지를 밝혀내는 작업이라 할 수 있다. 상수를 존중하고 겸허하게 받아들이는 법을 이해하는 데 도움을 주는 것이 심리학의 역할에서 절반을 차지한다면, 나머지 절반의 역할은 변수를 만들어내는 다양한 상황적 요인들의 종류와 힘을 밝혀내는 것이다. 사실 이는 대부분의 자연과학이 해왔던 역할과 마찬가지인 듯하다.

그렇다면 이러한 상수와 변수를 이해하는 것은 왜 중요할까? 실제로 인간에겐 타고난 부분과 타고나지 않은 부분이 있다. 심리학자로서 나는 이런 이야기를 자주 한다. 인생을 가장 쉽고 빠르게 불행하게 만드는 일은 바로 바꿀 수 없는 것을 바꾸려 하는 일이다. 그리고 가장 허망한 삶은 바꿀 수 없는 것을 바꾸려 하는 삶이다. 생물학에서는 인간의 수명이 본래 30~40년에 불과하다고 보고, 의학에서는 80~90세 정도라고 예측한다. 하지만 분명한 건 이제 과학의 발달로 100세를 훌쩍 넘어 그 한계가 계속해서 경신되고 있다는 점이다. 그렇기 때문에 오늘날 인간에 대한 과학적 이해는 더더욱 필요하다. 심리학은 지금 이 순간에도 세상 곳곳에서 이를 수행하고 있다. 불과 수십 년 전까지만 해도 '점치는 학과'라는 황당한 오해를 받던 심리학이었다. 이제 과학으로서의 심리학에 더 많은 관심과 응원이 요구되는 것은 그 누구도 아닌 우리 자신을 위해서라는 점을 다시 한번 분명하게 강조하고 싶다.

1장 심리학이란 무엇일까

1   Huesmann, L. R., Moise-Titus, J., Podolski, C., & Eron, L. D. (2003). Longitudinal relations between children's exposure to TV violence and their aggressive and violent behavior in young adulthood: 1977–1992. Developmental Psychology, 39, 201–221.

2   그리고 단순 형태의 학습을 진행 양상을 관찰하기 위해서는 인간보다 더 단순하다고 생각되는 동물을 연구의 대상으로 삼았으며 이것이 바로 초기의 학습심리학에 동물이 자주 등장하는 이유 중 하나다.

3   고전적 조건형성에서는 자극과 자극의 관계성에 대한 학습만을 언급했을 뿐이다.

4   강화물은 보상이라는 용어와 기능적으로 동일하나 더 객관적 용어이기에 사용된다.

5   Bandura, A. (1965). Behavioral modification through modeling procedures. In L. Krasner & L. P. Ullman (Eds.), Research in behavior modification. New York: Holt, Rinehart & Winston.

6   Milgram, S. (1963). "Behavioral Study of Obedience". Journal of Abnormal and Social

Psychology 67 (4): 371-8.

7   Sanfey, Rilling, Aronson, Nystrom, & Cohen (2003), The neural basis of economic
    decision making in the Ultimatum game, Science 300, 1755-1758.

8   같은 이유로 DLPFC가 손상된 환자들은 상대방이 지나치게 모험적인 사업 제안을 해도
    받아들이는 경향성이 정상인보다 더 높다. 상대방에 대한 신뢰 판단이 제대로 되지 않기
    때문이다.

9   Wynn, K. (1992), Addition and subtraction by human infants. Nature, 358,749-750.

2장 판단과 결정의 심리학

1   Shafir, E., & LeBoeuf, R.A. (2002). Rationality. Annual Review of Psychology, Vol. 53,
    491-517.

2   Slovic, P., & Lichtenstein, S. (1983). Preference reversals: A broader perspective.
    American Economic Review, 73, 596-605.

3   Shafir & LeBoeuf, (2002).

4   Tversky, A. and Kahneman, D. (1983). Extensional vs. intuitive reasoning: The
    conjunction fallacy in probability judgment. Psychological Review, 90:293-315.

5   Markman, A & Medin, D.L. (2002). Decision Making. Stevens Handbook of
    Experimental Psychology, 3rd edition: Volume 2, Memory and Cognitive Processes.
    New York: Wiley.

6   Shafir & LeBoeuf, (2002).

7   Simon HA. (1978). Rationality as process and as product of thought. Journal of
    American Economic Association. 68:1-16

8   카너먼 역시 심리학자로서 2002년 노벨 경제학상을 수상했다. 트버스키는 1996년에 사
    망했다.

9   Tversky, A.; Kahneman, D. (1981). "The framing of decisions and the psychology of choice". Science 211 (4481): 453–458.

10 McNeil, B., Pauker, S. G., Sox, H. C., & Tversky, A. (1982). On the elicitation of preferences for alternative therapies. New England Journal of Medicine, 306, 1259–1262.

11 Loewenstein, G. F., Weber, E. U., Hsee, C. K., & Welch, N. (2001). Risk as feelings. Psychological Bulletin, 127(2), 267–286.

3장 심리학과 나

1   프로이트에 의하면 불안을 제거하기 위해 인간은 다양한 방어기제를 사용하는데, 그 방어기제의 대부분이 억압·부정·전이·퇴행 같은 비현실적 방법들이다. 이러한 방어기제는 한 개인에게 오랫동안 누적된 만성적 불안 요인과 관련되어 있고 따라서 현재의 행동 변화를 유발하는 불안 요인과는 다소 차이가 있으므로, 프로이트의 불안에 대한 방어기제 사용은 추후에 별도로 다루기로 하겠다.

2   Beecher, H. K. (1972). The placebo effect as a non-specific force surrounding disease and the treatment of disease. In R. Janzen, W. D. Keidel, A. Herz, C. Steichele, J. P. Payne, and R. A. P. Burt (Eds.), Pain: Basic principles, pharmacology, therapy. Stuttgart, West Germany: George Thieme.

3   두 집단의 A와 C에 대한 기억검사 총점은 다르지 않다. 가령 동양인은 A에 대해 95점, C에 대해서 85점의 기억점수를 기록한 반면, 서양인은 A와 C 모두에 대해 90점의 기억점수를 보였다. 두 집단 모두 평균 90점으로 같은 수준의 기억능력을 보인 것이다.

4   Kim, K., & Markman, A. B. (2006). Differences in fear of isolation as an explanation of cultural differences: Evidence from memory and reasoning. Journal of Experimental Social Psychology. vol 42. 350–364.

5   한 가지만 예를 들어보겠다. 언제부터인가 우리나라의 가장 큰 문제 중 하나가 바로 과다한 사교육이다(물론 모든 사교육이 다 나쁘다는 말은 아니다). 그런데 이 사교육은 어디에 뿌리

를 두는 것일까? 바로 부모의 불안이다. 끝 모를 불안에 휩싸인 부모들은 그 불안을 없애기 위해 아이들에게 무언가를 '더' 시켜야 하고 프랜차이즈화되어 있는 다양한 사교육 기관들은 부모들의 그 불안을 최고의 마케팅 대상으로 삼아 자극한다. 부모들의 불안이 해소되지 않고선 결코 해결될 수 없는 것이 바로 우리나라 사교육의 문제점이다.

6   Barroso, C., Ganley, C. M., McGraw, A. L., Geer, E. A., Hart, S. A., & Daucourt, M. C. (2021). A meta-analysis of the relation between math anxiety and math achievement. Psychological Bulletin, 147(2), 134–168. https://doi.org/10.1037/bul0000307.

7   (화면에 특정 도형이 몇 개나 있는가를 세는) 일반적인 숫자 감각을 측정할 때만 예외였다.

8   즉 남성이나 아시아권 국가 등 상대적으로 수학을 더 잘하는 것으로 나타났던 집단 내에서도 예외가 아니라는 뜻이다.

9   Cheung, K. C. (2017). The effects of resilience in learning variables onmathematical literacy performance: A study of learning characteristicsof the academic resilient and advantaged low achievers in Shanghai, Singapore, Hong Kong, Taiwan and Korea. Educational Psychology, 37,965–982.

10 http://dx.doi.org/10.1080/01443410.2016.1194372.

11 https://www.psychologytoday.com/intl/blog/ulterior-motives/202104/is-math-anxiety-real.

12 Lamba, A. Frank, M.J., FeldmanHall, O. (2020). Anxiety impedes adaptive social learning under uncertainty. Psychological Science, 31(5), 592–603.

13 2005년 미국 신경학자인 폴 자크는 '신뢰 게임'을 통해 신뢰의 생물학적 기반이 '옥시토신'이라는 호르몬 때문이라고 주장했다. 수탁자가 투자자에게 더 많은 신뢰를 받을수록 옥시토신 분비량이 높아지는 결과를 관찰했기 때문이다.

14 https://www.psychologytoday.com/us/blog/ulterior-motives/202009/anxiety-hampers-learning-about-untrustworthy-people.

15 우창윤, 〈건강과 행복을 위해 '거리 두기'가 필요한 이유〉, 세바시 강연 1150회. https://www.youtube.com/watch?v=UzfqKWtGlEY.

1   https://www.psychologytoday.com/us/blog/social-animals/202003/why-the-corona-crisis-may-help-us-see-others-generosity.

2   https://www.ncbi.nlm.nih.gov/pmc/articles/PMC5688159.

3   지적 겸손 척도는 두 가지의 하위 요인으로 구성돼 있다. 첫 번째는 모든 것을 다 알고 있다(Not a Know-It All)는 생각이고, 두 번째 척도는 지적인 개방성(intellectual openness)이다.
    (1–1) My intellectual ideas are usually superior to others' ideas.
    (1–2) I desire to be famous for an intellectual contribution.
    (1–3) I know just about everything there is to know.
    (1–4) Other people think that I am a know-it-all.
    (2–1) I am open to other's ideas about how to do things.
    (2–2) I can learn from other people.
    (2–3) I am open to others' criticisms of my intellectual ideas.
    (2–4) I am an intellectually humble person.

4   크럼레이 멘쿠소 교수 연구진은 보다 구체적으로, 협동적 학습collaborative or cooperative learning이라고 부른다.

5   사실, 그래서 '우리나라 교육의 문제'가 아니라 '학습의 문제'라고 해야 정확한 표현이라고 하는 전문가들도 있다.

6   Baas, M., Roskes, M., Koch, S., Cheng, Y., & De Dreu, C. K. W. (2019). Why Social Threat Motivates Malevolent Creativity. Personality and Social Psychology Bulletin, 45(11), 1590–1602. https://doi.org/10.1177/0146167219838551.

7   Uzma Khan, Daniella M. Kupor; Risk (Mis)Perception: When Greater Risk Reduces Risk Valuation, Journal of Consumer Research, Volume 43, Issue 5, 1 February 2017, Pages 769–786, https://doi.org/10.1093/jcr/ucw058.

8   Abeyta, A. A., Routledge, C., & Juhl, J. (2015). Looking back to move forward: Nostalgia as a psychological resource for promoting relationship aspirations and overcoming relationship challenges. Journal of Personality and Social Psychology.

9 Borjigin*, J., Wang, M.M., Mashour, G.A. Reply to Greyson et al.: Experimental evidence lays a foundation for a rational understanding of near-death experiences (2013). Proc. Natl. Acad. Sci. USA, 110(47):E4406.